Tere Abelleira

Oihane Hernández

Ona Batlle

Rocío Gálvez

Laia Codina

Olga Carmona

CAMPEONAS

SARA GUTIÉRREZ ALCARAZ

CAMPEONAS

23 MUJERES QUE HICIERON HISTORIA

Planeta

Diseño de la cubierta: Planeta Arte & Diseño
Ilustración de la cubierta y las guardas: © Ed Carosia

Av. Diagonal, 662-664, 08034 Barcelona
www.editorialplaneta.es
www.planetadelibros.com

Ilustraciones del interior: © Ed Carosia, © Freepik
Fotografía de la autora: © archivo de la autora

Diseño de maqueta: Dímeloengráfico

Primera edición: mayo de 2024
Depósito legal: B. 6.964-2024
ISBN: 978-84-08-28734-6
Preimpresión: J. A. Diseño Editorial, S. L.
Impresión: Liberdúplex
Printed in Spain – Impreso en España

PEFC Certificado
Este libro procede de bosques gestionados de forma sostenible
PEFC
PEFC/14-38-00305
www.pefc.es

Para Montserrat, Enric, Benita y Tomás,
mi ejemplo de lucha y de vida.
Los abuelos son el tesoro más valioso
de nuestras familias.

Índice

Prólogo

El 14 de julio de 2023 salía por la puerta de mi casa cargada con dos maletas y un bolso rumbo al que podría haber sido un evento deportivo más. Tan solo unos meses antes me habían confirmado que yo sería la enviada especial de Radio Nacional de España al Mundial de Australia-Nueva Zelanda y, evidentemente, me emocioné muchísimo. Supongo que, de alguna manera, era consciente de la aventura en la que estaba a punto de embarcarme, pero he de confesar que dos pequeñas preocupaciones empañaron aquel momento de felicidad: la responsabilidad de cubrir un evento tan grande y... mi aerofobia. ¿Cómo que aerofobia? ¿Una aerofóbica a punto de hacer un trayecto de veintiséis horas y media entre aviones y escalas? Efectivamente, tengo miedo a volar, pero viajar en avión es algo que tienes que hacer si eres periodista deportiva, y hace mucho tiempo que me prometí que no renunciaría a nada de trabajo por culpa de este miedo; mucho menos si era para acompañar a la selección española de fútbol a un campeonato del mundo.

El desenlace de lo que pasó en ese Mundial lo conocemos todos y he podido rememorarlo a lo largo de estas páginas, pero el motivo fundamental de este libro son ellas, cada una de las protagonistas de esta historia: Misa Rodríguez, Ona

Batlle, Tere Abelleira, Irene Paredes, Ivana Andrés, Aitana Bonmatí, Irene Guerrero, Mariona Caldentey, Esther González, Jenni Hermoso, Alexia Putellas, Oihane Hernández, Enith Salón, Laia Codina, Eva Navarro, Maria Pérez, Alba Redondo, Salma Paralluelo, Olga Carmona, Rocío Gálvez, Claudia Zornoza, Athenea del Castillo y Cata Coll; veintitrés mujeres que hicieron historia. Sin ellas y sin todo lo que me aportaron a lo largo de cada jornada, de manera tanto profesional como personal, este libro no tendría sentido.

Después de 46 días lejos de casa, de las charlas que pude tener en medio de la vorágine del Mundial y de algunos momentos que no olvidaré nunca en Palmerston North, Wellington, Auckland o Sídney; después de ver cómo la euforia inundaba las zonas mixtas y su determinación crecía en cada partido, este libro me ha dado una nueva oportunidad para recordar todo aquello y poder indagar todavía más en la vida de las jugadoras, pues, una vez que llegué a casa, pude conversar de forma más pausada con ellas para ayudarme a entender la historia de cada una con la perspectiva que da el tiempo.

Una hazaña como la que lograron estas mujeres no se consigue en un día, y te aseguro que no levantaron la Copa del Mundo por casualidad. Detrás de cada una hay sacrificio y esfuerzo, y hoy te tiendo la mano para que me acompañes en este camino que consta de veintitrés capítulos que harán que admires (todavía más) a las campeonas del mundo.

Campeonas es un libro formado por pequeños relatos que, a su vez, contienen enormes enseñanzas. En ellos encontrarás los aspectos más humanos de nuestras campeonas con los que, de alguna manera, podrás identificarte. Sin embargo, es imposible separar la historia individual de cada una del éxito logrado entre todas, por eso este libro no es una crónica deportiva con final feliz, sino un valioso aprendizaje que parte de una historia real y cuyo impacto en la sociedad ha sido inigualable.

No puedo evitar emocionarme cada vez que pienso en todo lo vivido durante el Mundial y en la enorme experiencia vital que me ha dado el proceso de creación de este libro. Mi deseo no es otro que el de homenajear a las jugadoras, descubrir quiénes son más allá del terreno de juego y mostrar cómo este sueño que se hizo realidad ha transformado nuestra manera de entender el deporte. Esta experiencia me cambió la vida, pero la historia completa empieza un poco antes de aquel 14 de julio. ¿Me acompañas a descubrirla?

1

MISA RODRÍGUEZ

Volverse a levantar

Fecha y lugar de nacimiento	22 de julio de 1999, Las Palmas de Gran Canaria
Posición	Guardameta
Equipo actual	Real Madrid C. F.

Era un día caluroso en Inglaterra, durante la Eurocopa de 2022. Yo esperaba a Misa Rodríguez para hacerle una entrevista en el Bisham Abbey, un complejo deportivo de ensueño, y era la primera vez que podía hablar con ella. Cuando por fin apareció, charlamos principalmente sobre Dinamarca, que era la próxima rival en la fase de grupos, pero, antes de despedirnos e incapaz de aguantar la curiosidad, le pregunté fuera de micros por sus tatuajes. Me llamaron la atención los más evidentes de su brazo derecho y me contó que el búho, el que tenía más pegado al hombro, fue el primero que se hizo.

Seguí el recorrido de su dedo, que se paró en otro de tamaño considerable. Me sorprendió reconocer a una de las Supernenas, Cactus. «Bueno, la tengo porque es mi favorita. Es malota, como yo», dijo riendo, y yo pensé que en realidad Cactus era mucho más que el personaje rudo e inconsciente que nos habían vendido en los dibujos. Para entender quiénes somos, muchas veces tenemos que hacer un viaje introspectivo e irnos al inicio de todo: nuestra infancia. Así que de inmediato pensé que aquel tatuaje significaba más de lo que parecía. Sí, de acuerdo, si has visto *Las Supernenas,* sabrás que a Cactus le gusta molestar a Pétalo y a Burbuja, los dos personajes que en casa de Misa interpretaban su madre y su hermana, pero Cactus no es solo una malota: también tiene un gran corazón, y de eso Misa sabe mucho.

De hecho, en ese mismo brazo cuyos tatuajes habíamos estado «analizando», también hay un corazón. Esas gotas de tinta esconden una parte de la historia de Misa que no solo marcó su infancia, sino que le cambió la vida. A esa niña que veía *Las Supernenas* le empezaron a dar taquicardias pasados los diez años. ¿Qué estaba pasando? ¿Qué debía hacer? Misa pasó el mal trago de escuchar a su cardiólogo decirle que tenía que dejar de hacer deporte porque, de no ser así, la situación podía agravarse. Lejos quedaba aquel día en el que, cuando tenía cinco años y después de su clase de gimnasia rítmica, su madre Fefi se la encontró apoyada en una valla viendo el entrenamiento de un equipo de fútbol. Ella deseaba con todas sus fuerzas correr tras esa pelota.

«¿Eso es lo que quieres, jugar al fútbol?», le preguntó Fefi.

La respuesta ya la puedes imaginar. Para Misa cualquier excusa era buena para estar activa y pasar de cero a cien en un segundo, pero, en ese momento y siendo tan pequeña, tenía que poner su vida en pausa. Lejos de venirse abajo, consiguió encontrar una nueva motivación: no acabar con un marcapasos que limitara su futuro en el fútbol. No le quedó otra que ponerse en manos de su cardiólogo y confiar ciegamente en él.

Con trece años tuvo que pasar por quirófano y someterse a una operación nada sencilla, pero era la única opción que le permitía evitar ese marcapasos. Durante la cirugía, Misa debía permanecer despierta para que los médicos pudieran inducir la arritmia. Una vez dentro del quirófano, el tiempo fue transcurriendo y los médicos no conseguían que se dieran las circunstancias para que la intervención fuera exitosa. Su familia esperaba fuera, ansiosa. Los minutos se hacían eternos. Y entonces, su padre se encontró una mariposa atrapada en el edificio. Su atención viró por unos minutos. Intentó guiar a la mariposa hacia las ventanas, pero no era posible abrirlas, así que, al cabo de un rato, la recogió con delicadeza entre sus manos, bajó hasta la puerta principal del hospital y la liberó. Dio media vuelta, descorrió el camino y, poco después, el doctor salió a su encuentro. Habían pasado tres horas desde el inicio de la intervención y tenía noticias: todo había salido bien. La pequeña ablación que el corazón de Misa necesitaba se había realizado con éxito y a partir de aquel momento ya no sufriría más taquicardias. La pesadilla había terminado.

Desde ese día, en su familia creen que el gesto de su padre de dejar en libertad aquella pequeña mariposa dio alas a Misa para seguir volando. Quizás por eso (y volviendo a sus tatuajes) en ese mismo brazo derecho, donde cuenta tantas cosas de su vida, también hay escrita la frase «Nunca olvides quién eres», de la película *El rey león,* que marcó a Misa de pequeña. Esa amarga vivencia que ahora puede recordar con orgullo y valentía forma parte de ella, como también esas famosas palabras de la escena en la que Simba se reencuentra con el espíritu de Mufasa. Sí, he dicho *espíritu,* y perdón por el *spoiler,* pero la película es de 1994, ya ha prescrito.

Empezaba una nueva vida para Misa, ¡que no Mari! A su madre especialmente le gusta muy poco el diminutivo habitual de María o, en el caso de su hija, María Isabel. Ya no le hacía gracia cuando se lo decían en su instituto y acabaron llamándola por el nombre completo. Así se la conoció hasta los trece años, cuando el *Misa,* que ha acabado siendo su identidad a lo largo de su trayectoria deportiva, entró en su vida. Después de jugar como delantera y de competir en diferentes categorías masculinas siendo la única chica, fue convocada para la selección canaria sub-12 y la probaron como portera. Con esos trece años que comentaba pasó a jugar en un conjunto femenino y su entrenador la llamaba por su nombre completo. ¿Cuál era el problema? Que si tenía que darle alguna indicación como «María Isabel, haz esto o haz lo otro», se perdían unos segundos preciadísimos con tan solo decir su nombre. Su madre siempre la ha llamado *Misabel* de forma cariñosa, y un día el entrenador lo escuchó y le dijo: «Voy a hacer ese apodo todavía más corto y te voy a llamar Misa». Y el resto es historia.

Fue creciendo y siguió jugando al fútbol sin ninguna aspiración ni referente, aunque con la aparición de las redes sociales y las distintas plataformas de vídeo *online,* miraba vídeos de Hope Solo, porque quería parecerse a ella. Por si no lo sabías, Solo es la exguardameta de la selección femenina de fútbol de los Estados Unidos, conjunto con el que ganó la Copa del Mundo de 2015.

Volviendo a Misa, con dieciséis años se fue de «su isla» y aterrizó en el Atlético de Madrid. Y, aunque allí pudo evolucionar, llegó un momento en el que ella quiso más de lo que el club podía ofrecerle. Todos le decían que era «la portera del futuro», pero apenas jugaba. Misa quería crecer, aprender y ser mejor jugadora, y eso pasaba por tener más minutos. Así que cambió Madrid por Galicia, concretamente por el Dépor. Fue una decisión difícil, porque pasaba de un equipo campeón, como el Atlético, a un equipo revelación, pero ella quería ser la guardameta del presente, no la del futuro, y hacerlo en un conjunto de primera división. Allí se encontró con una persona que sacó a la Misa que había estado escondida en los últimos meses. Fran, el entrenador de porteras del equipo, le devolvió la confianza que había dejado atrás paulatinamente, una confianza imprescindible para que Misa pudiera seguir evolucionando.

A pesar de lo cómoda que Misa se sentía con Fran y de lo mucho que la había ayudado, al cabo de unos meses se dio una situación que obligó a Misa a replantearse de nuevo las cosas. Te la cuento y luego me dices qué hubieras hecho tú. Imagina que el Real Madrid es protagonista indirecto de toda tu infancia, que es el equipo de tu vida, que desde pequeña coleccionas todas las camisetas del club y que muchas de ellas las has utilizado para jugar con tus amigos o en tu cumpleaños. Es más, piensa que es el día de tu primera comunión y que, semanas antes, cuando te hicieron las fotos para repartir a tus familiares durante la celebración, pediste que te pusieran un miniescudito del Real Madrid para que a todos les constara la pasión que sientes por el club blanco (por si llegados a este punto tenían dudas). ¿Qué más? Pues ahora piensa que recibes una llamada del mismísimo Real Madrid diciéndote que van a crear el equipo femenino y que quieren que tú formes parte de él. ¿Harías las maletas en ese mismo instante, independientemente de las circunstancias y de que tampoco estás tan mal en el club actual? Tengo que decirte que Misa lo tuvo clarísimo y dejó atrás Galicia para volver de nuevo a Madrid, pero esta vez con destino al club de sus sueños.

Como dirían algunos, fue llegar y besar el santo porque en su año debut con la camiseta del Real Madrid ganó el Trofeo Zamora, que la acreditaba como la portera con menos goles encajados de la temporada. En el discurso de agradecimiento, una vez recibido el premio individual, se acordó de su familia y, en especial, de uno de sus abuelos, que había fallecido antes de que naciera ella: «Gracias a mi abuelo, porque sin conocerte me has llevado por el camino de la portería, como tú. Sé que, donde te encuentres, estarás orgulloso de mí, esto va para ti». Tan conocido es que para Misa su familia es uno de sus pilares fundamentales que un aficionado le hizo un regalo muy especial: unas espinilleras con una foto de su abuelo. Antes de salir al campo les da un beso al ponérselas y también hace lo mismo con el tatuaje de su antebrazo derecho, donde se puede ver un ojo humano que corresponde al de una de sus abuelas, la única de los cuatro que ha podido conocer.

Pero no todo ha sido bonito y agradable a lo largo de estas temporadas. Misa Rodríguez fue protagonista involuntaria de lo que acabó convirtiéndose en una campaña viral bajo el lema *Misma pasión.* ¿De dónde viene eso? Misa estaba viendo un partido del equipo masculino del Real Madrid mientras estaba en el hotel de concentración de la selección española y la celebración de uno de los goles le recordó a una fotografía que tenía de ella misma en uno de los partidos recientes con el club. Entró a su perfil de Twitter y publicó las palabras *Misma pasión* junto a dos fotografías. En la de la izquierda se veía al jugador Marco Asensio celebrando el gol que había marcado en el partido que estaba siguiendo y, a la derecha, la imagen en la que ella festejaba la victoria reciente contra el Atlético de Madrid. Lo que quería expresar es que esas dos fotografías mostraban dos éxitos, el del equipo masculino y el del femenino del Real Madrid, y una misma reacción, porque ambos jugadores agarraban su camiseta estirándola al máximo en un arrebato de alegría. Pues la respuesta, por desgracia, no fue la que ella se esperaba. Ese mensaje se sexualizó, Misa tuvo que borrar la publicación porque le llegaban comentarios desagradables y más que inapropiados que no me molestaré en intentar reproducir. Sin embargo, la anécdota tuvo un efecto bumerán y se desencadenó una serie de reacciones en el mundo del fútbol y del deporte. Se levantó una ola de apoyo y admiración por su valentía y coraje, que dio inicio a una campaña viral sin precedentes donde se defendía una misma pasión, los mismos objetivos, los mismos valores, pero, sobre todo, lo que faltaba en esos momentos: el mismo respeto para todos. A los que le faltaron ese respeto a Misa les salió mal la jugada, mira por dónde.

Misa siguió trabajando y exigiéndose al máximo, porque, aunque sea bromista, extrovertida y alocada, también sabe ponerse seria cuando está focalizada en el fútbol, y es de las que les da demasiadas vueltas a las preocupaciones y a veces se olvida de disfrutar. Sabe que ser una deportista de élite reconocida es muy difícil, por lo que, más allá de darlo todo en los entrenamientos con el club, también lo hizo con la selección, pues se le abrieron las puertas de la absoluta bastante rápido, pero desde el primer minuto fue consciente de que, si no se esforzaba, otras podrían pasarle por delante.

Y llegó el Mundial. Jugó toda la fase de grupos como titular, pero después de la derrota 4-0 ante Japón, Misa salió desde el banquillo en el partido de octavos de final. Nos sorprendió a los que estábamos en Nueva Zelanda y causó el mismo efecto en muchos de los aficionados cuando vieron el once titular del partido ante Suiza. No quiero decir con esto que dudáramos de la profesionalidad de Cata Coll y de Enith Salón, porque sabemos que cuando una jugadora va con la selección es porque hay calidad de sobra. Lo que nos asombró es que España nunca había cambiado la portería nacional en medio de una competición como un Mundial o una Eurocopa. Si eso ocurre sin que haya una lesión de por medio, se acaban generando muchas preguntas: ¿la señalaban como la culpable de la derrota ante Japón? ¿Había algo más que nos estábamos perdiendo?

Antes hablábamos de las redes sociales. Pues vuelven a tomar protagonismo, porque la gente fue muy cruel con ella a raíz de su suplencia y de cómo creían que había reaccionado. Recibió comentarios muy desafortunados y muchos insultos gratuitos de gente que desconocía el trasfondo de la situación. Cata Coll pasó a ser la portera titular y lo fue hasta la final del Mundial. Misa vivió los últimos partidos desde el banquillo, con nerviosismo, queriendo ayudar, pero sin poder hacerlo en el campo. ¿Qué había pasado realmente?

No descubrió que ella no jugaría ante Suiza hasta dos horas antes del partido, cuando se dio la charla previa y vio que su nombre no figuraba en el once titular. En el autocar, de camino al estadio, estaba al borde de un ataque de nervios, con mucha ansiedad y con ganas de llorar. Porque, del mismo modo que nosotros nos preguntamos si esa decisión se debía a que se la señalaba como culpable de esa derrota, a ella también le pasó por la cabeza. Se sintió en el ojo del huracán, el foco de todos los problemas y la persona sobre la que recaía toda la responsabilidad. La fragilidad que sentía fue tal no solo ese día, sino también en los posteriores, que llegó a plantearse abandonar la concentración e irse a casa. Por suerte, reflexionó y pensó que era una privilegiada por estar viviendo un Mundial, aunque su cabeza seguía diciéndole que no podría aguantar el estado anímico que arrastraba. En esos momentos, una piensa: «¿Soy válida? ¿He nacido para esto o he estado viviendo en una mentira y en realidad tendría que estar haciendo otras cosas?». A muchos nos ha pasado y nos sigue pasando, y seguramente esa autoexigencia no permitiera a Misa pensar fríamente y darse cuenta de todo el esfuerzo previo y de todas las cualidades que la habían llevado hasta esa gran cita. Afortunadamente, Alexia Putellas, Irene Paredes, Jenni Hermoso, Laia Codina y tantas otras compañeras la rescataron de ese agujero negro en el que se metió y su mentalidad cambió.

Se quedó con la tranquilidad y la serenidad de haberlo dado todo en cada entrenamiento, empezó a reconstruirse (aunque no fue nada fácil) y se alegró de ser fiel a sus valores, sobre todo por la Misa que resurgió después de ese gran bache. No vio a Cata como una rival o la persona que le había «arrebatado la portería», simplemente la vio como una gran portera y una gran compañera que dio y sigue dando su

máximo en cada entrenamiento, al igual que ella. No podían hacer más; a partir de ahí es el seleccionador o la seleccionadora quien decide.

Y suerte que Misa se quedó, porque ella también forma parte de la Copa del Mundo y de toda la lucha previa para llegar al momento de alzarse con ella. Porque sus compañeras dicen que es una *personajaza,* pero la adoran y se divierten con ella por momentos como el de la celebración del título en Madrid, donde Misa le mostró al mundo su graciosísima imitación del sonido de un Ferrari, con la que sus colegas del equipo están más que familiarizadas. Los primeros en descubrir esta capacidad suya fueron sus compañeros de clase cuando, un día en el que estaba aburrida, le salió de dentro hacerlo y todos miraron hacia la ventana pensándose que realmente había pasado un cochazo por la calle de su colegio. Pero lo que quizás muchos desconocen es que, además de ser capaz de clavar el sonido de un coche, también imita al Pato Donald o a Shin-Chan, que algunas de sus compañeras han podido escuchar los treinta segundos de la canción que en su día empezó a componer con su mesa de mezclas (ahora un tanto empolvada) y que es muy cocinillas. También un pelín despistada, lo que la salva de ser más supersticiosa. A veces cambia la rutina previa al partido y, si el resultado acaba siendo bueno, piensa aquello de «En el próximo partido lo repetiré», pero, cuando llega el día, no se acuerda de lo que hizo para que le funcionara.

Lo que sí que tenemos todos en mente y recordamos cada vez que la vemos es que su liderazgo, su seguridad bajo los palos y su verborrea en pleno partido es lo que más nos gusta de ella en el campo. Porque sus padres se han encargado de ponerle los pies en el suelo, aconsejándole que siga trabajando con la humildad que la caracteriza. Es lo que nos ha acabado conquistando a todos: su personalidad alocada, sus bromas y, sobre todo, la historia de superación que hay detrás de Misa Rodríguez.

2

ONA BATLLE

Cuando nunca te marchas del todo

Fecha y lugar de nacimiento	10 de junio de 1999, Vilassar de Mar (Barcelona)
Posición	Defensa
Equipo actual	F. C. Barcelona

Si te digo 2020, ¿qué es lo primero que se te viene a la cabeza? ¿El coronavirus? ¿El confinamiento? ¿Que fue un año de cambios? En el caso de Ona Batlle, cualquier respuesta de las anteriores podría ser la correcta. De hecho, el estado de alarma lo vivió en España, pero, cuando aterrizó en Inglaterra, en verano, la situación de allí era aún peor que la nuestra y tuvo que vivir otro confinamiento. ¿He dicho Inglaterra? Correcto. Pero... ¿cómo llega hasta allí una chica de Vilassar de Mar, y más teniendo en cuenta que el mundo entero se encontraba en una época muy convulsa? ¿En qué momento cambió la primera división española por el Manchester United? Sí, sí, The Red Devils. Prepárate un té, un café o lo que más te apetezca, porque voy a contártelo.

Como muchas de sus compañeras de la selección, cuando Ona tenía cinco años ya tenía claro que quería jugar al fútbol. ¿Cuál era el problema? Que todavía era demasiado pequeña para jugar en un equipo, así que tuvo que *conformarse* de momento con el patinaje artístico sobre ruedas. No sería por mucho tiempo: es posible que el mundo del patinaje se perdiera a una gran deportista, pero las figuras, los saltos y las piruetas no pudieron con su amor por el balón.

En esa época, Ona jugaba con su hermano Joan en el patio que había delante de casa de su abuela. Se fijaba en sus movimientos y le decía a su madre: «Mamá, yo quiero hacer lo mismo que él. Yo quiero ser como Joan». Por suerte, creció en una familia que siempre apoyaba todas sus decisiones y respetaba lo que le gustaba hacer. Así, cuando cumplió los seis años y ya con edad suficiente para formar parte de un conjunto, su familia llamó a las puertas de la U. E. Vilassar, y estas se abrieron para ella. En aquel equipo no había más chicas, todos sus compañeros eran niños, pero pronto descubrió que había elegido bien. «Ahora no se me da mal el patinaje, me gusta, pero... gracias a mi hermano hice la elección correcta», me dijo un día. Al principio perdían todos los partidos, pero hubo un entrenador, Pau, que la marcó especialmente, hasta el punto de definir quién es ella dentro del campo. No solo eso: con la llegada de Pau a su vida, también vinieron los primeros títulos de liga con el Vilassar. Fue quemando etapas y hasta llegó a ser capitana del cadete A, donde, vuelvo a recordar, era la única chica. Se cambiaba de ropa en otro vestuario, pero, según dice Ona, «tuve la gran suerte de coincidir con grandes compañeros en el equipo, porque siempre me han tratado como a una más». Por aquel entonces, y a pesar de estar ya en pleno siglo XXI, algunos de los que acudían a los partidos se preguntaban si era un niño: no solo era la única niña del equipo, sino que además llevaba el pelo corto. Lo peor era que muchos pensaban que con comentarios como ese la hacían de menos, pero Ona pronto empezó a callar bocas.

Está claro que, por unos motivos o por otros, Ona no pasaba desapercibida. Y cuando una persona atrae miradas, nunca se sabe quién puede estar observándola ni si su vida está a punto de cambiar. Eso fue lo que sucedió cuando participaba en un torneo con la selección catalana sub-12 de fútbol. Sin que Ona lo supiera, un ojeador del F. C. Barcelona la analizó de cerca y, una vez que finalizó la competición, el club llamó a sus padres con una propuesta sobre la mesa: querían que hiciera las pruebas con el Barça.

Aquella podría haber sido una tarde más para Ona. Una de tantas en las que, llegada la hora, recogía su mochila pensando en su merienda, en qué dibujos vería en la televisión y en los deberes que tenía pendientes, pero... no fue así. Cuando sus padres fueron a recogerla a la escuela, con toda la ilusión del mundo le dijeron: «Ona, nos han llamado del Barça. Quieren que pases las pruebas». Menuda cara debió de poner aquella niña llena de ilusiones. Y, aunque se contagió de la emoción del momento, al mismo tiempo la acecharon las dudas. ¿Y si marcharse era una mala decisión? «Tampoco estoy tan mal en el Vilassar, aquí estoy contenta y me llevo bien con mis compañeros», pensó. Y, ante la duda de su hija, el padre de Ona, Salvador, tomó la iniciativa. Le dijo que era una oportunidad única: que un club como aquel hubiera llamado a su puerta era algo que solo le sucedía a un reducido grupo de afortunados. Él por aquel entonces fumaba, así que cogió un cigarrillo y le dijo a su hija: «Si tú te vas al Barça, me fumo este cigarro y será el último que me fumaré en la vida». Y cumplió su promesa.

Quizás las canciones de Estopa que marcaron la infancia de Ona (sus padres siempre las ponían cuando iban en el coche) la acompañaron de algún modo en esa etapa inicial en la Masía. Nunca ha sido de idolatrar a jugadores, porque simplemente le gustaba ver qué hacían otros laterales, analizar cómo se perfilaban y observar sus movimientos en general, y eso la llevó a poner más atención en ellos que en los demás, especialmente en Carles Puyol. En esa primera etapa, el club le enseñó los valores que la han forjado y allí aprendió lo que quería ser como futbolista. Una base que ha conservado hasta hoy.

Con un trabajo de hormiguita, fue ascendiendo por todas las categorías inferiores y su fútbol fue creciendo hasta llegar al Barça Atlétic, donde se proclamó campeona de segunda división junto con sus compañeras. Pese al sueño cumplido que aquello había supuesto, en 2017 su deseo de seguir creciendo empujó a Ona a renunciar al club de su vida. Sus aspiraciones personales le hicieron darse cuenta de que, aunque se sentía a gusto en el Barça B, ella necesitaba más. En la Masía era feliz, pero sentía que su lugar estaba en primera división, necesitaba competir en la élite. ¿Existía el primer equipo azulgrana? Sí, pero Ona tenía la sensación de que no iba a tener suficiente continuidad como para satisfacer esas ganas de acción. Por el contrario, un Madrid C. F. F. recién ascendido sí que pudo ofrecerle lo que ella quería. Estaba preparada para afrontar el reto, así que hizo las maletas y se marchó de casa. No fue la única vez que necesitó reajustar su estrategia para encontrar un puesto que le diera el mayor espacio posible para crecer. Después de una temporada, Ona cambió Madrid por Valencia y se incorporó al Levante, donde tuvo la oportunidad de compartir piso con Eva Navarro y Maitane López. Una experiencia que la marcaría de forma literal, pues ella y Eva comparten un tatuaje en su brazo izquierdo donde se puede leer *Félicité* ('felicidad'), la palabra que más las define, estén juntas o separadas. Además, al lado hay dibujado un pequeño rayo. Según me contó la propia Eva:

Cuando estábamos en el campo entrenando o en pleno partido, siempre competíamos entre nosotras. Era como... «a ver quién llega antes al balón», aunque la jugada hubiera terminado.

En esa época ambas aprovechaban para poner reguetón en los entrenamientos, aunque a Ona le gustaba combinar diferentes tipos de música para que su público (sus compañeras, vaya) quedara más que satisfecho con su *DJ session.* Las malas lenguas dicen que hasta hacía sonar *El vals del obrero*

BATLLE
2

de Ska-P para cantarla junto a Ivana Andrés. Pero volviendo a los tatuajes de Ona, yo destacaría uno que define muy bien quién es ella y lo que pasó después de las dos temporadas en el Levante: un mapamundi, en la misma ubicación que la palabra *Félicité* compartida con Eva, pero en el brazo derecho. Le encanta viajar, con el fútbol no ha podido hacerlo tanto como desearía, pero no por eso deja de gustarle. También tiene unas olas y una palmera, porque le encanta el mar. Quién iba a decirle que, si hubiera lanzado un hipotético dardo para descubrir su próximo destino en ese planisferio, se habría dado cuenta de que echaría de menos el mar durante bastante tiempo.

Ona fue incluida por el Levante en la lista de compensación que figuraba en el artículo 20 del primer Convenio Colectivo del Fútbol a nivel femenino, una lista que determinó el futuro de algunas de las futbolistas más prometedoras del país. Eso quería decir que, si algún club español quería ficharla (a ella o a cualquier otra jugadora incluida en esa lista), debía pagar 500.000 euros, una cifra desorbitada para las cantidades que se movían entonces en la primera división femenina y que sigue siéndolo en muchos casos hoy en día. En un mundo ideal, la cláusula liberatoria habría tenido que ir en consonancia con el sueldo que percibía, tanto el suyo como el de las demás afectadas. La clave del asunto es que la cláusula no tenía vigencia en el extranjero, por lo que cualquier club de fuera de España podía interesarse por ella sin tener que abonar esa cantidad al Levante..., lo que acabó pasando.

Un buen día, el representante de Ona le dijo que el Manchester United, recién clasificado para la Champions, quería que se uniera a su proyecto. El equipo con el que su hermano y ella jugaban a la Play ahora podría ser su equipo *de verdad*. Era otro sueño hecho realidad. Solo había un problema: la propuesta llegaba en el año del coronavirus, y aquí es donde volvemos al inicio del capítulo. Si aceptaba, tendría que irse en plena pandemia, lidiar con una agenda deportiva trastocada y... hacerlo sola. Pero ella siempre había barajado la opción de salir de España, aunque nunca se la había planteado en serio. Al principio tenía miedo pese a su carácter independiente, porque se trataba de un cambio mayúsculo. La liga inglesa siempre le había llamado la atención, pero, además, el proyecto que planteaba el Manchester le encajó al cien por cien. Como explicó ella misma: «El United era una experiencia personal y futbolística que no se podía rechazar». Aceptó, hizo las maletas para irse aún más lejos y, pasado mes y medio desde su llegada..., confinamiento en Inglaterra. Tuvo que seguir todas las pautas de seguridad indicadas por el Gobierno inglés y hacerlo sola.

Ese primer año lo caracterizó una intensa mezcla de emociones: un día feliz daba paso a uno triste, y después venía de nuevo otro feliz. Ona atravesó momentos muy duros a nivel mental. Para que no le pasaran factura en el campo, hubo mucho trabajo psicológico detrás, porque, como me dijo ella durante el Mundial, «juegas en función de cómo te sientes». Pero la vida no le daba tregua. Sufrió un esguince que hizo que su sensación de aislamiento se agravara. Duró cuatro semanas, pero se le hicieron eternas. Intentó permanecer ocupada leyendo, estudiando un grado de Administración y Finanzas o manteniéndose lo más activa posible. Debido al coronavirus, pasó cinco meses sola en Manchester sin poder ir a las convocatorias de la selección española y, evidentemente, sus padres no pudieron ir a verla durante la primera temporada (no lo hicieron hasta la segunda). A todo esto... sumémosle el idioma. Su nivel de inglés era básico al inicio y el club le proporcionó un traductor que la ayudaba. También recurrió a la ayuda del psicólogo del equipo, con el que evidentemente tenía que hablar en inglés. ¿Será que hablar de sentimientos hace que a una no le cueste tanto defenderse en otro idioma?

Aunque sus padres sabían que ella era muy independiente, sufrieron desde la distancia. Quizás más su madre que su padre, que se parece más a ella, pero la ilusión y las ganas de comerse el mundo de Ona los tranquilizaba en cada videollamada. Cocinaba tortilla de patata para sentirse más cerca de casa, echaba de menos el buen tiempo de España y seguro que comía algo de *sushi.* No lo digo yo, lo cuentan sus compañeras de selección, que entre risas llegan a decir que está «obsesionada», porque, durante los días libres del Mundial, ante la pregunta «¿Qué cenamos hoy?», su respuesta siempre era la misma: *sushi.*

En Inglaterra no solo se adaptó a otra forma de ver el fútbol, sino también a conducir por allí. La experiencia de los primeros días, más allá del susto inicial, fue concluyente: necesitaba un coche automático, porque con las marchas no había nada que hacer. Con el equipo se sintió rápidamente en casa, porque tanto las compañeras como el club y la afición la trataron con respeto y cariño desde el inicio. Como dice ella: «En el campo al principio me salían palabras en español, sin querer, obviamente», pero eso no evitó que se uniera a un vestuario con muchas ganas de crecer. Había compañeras que aprovechaban después de cada entrenamiento para mejorar sus puntos débiles, y ella no quería quedarse atrás. Intentaba anotar mentalmente todo lo que le enseñaban y lo que veía en las demás y desarrollaba su lado más metódico. Su nivel de disciplina es tal que durante años ha tenido la costumbre de ver sus vídeos pospartido los lunes y los martes, mientras que los viernes y los sábados los reserva para revisar los del equipo rival. Sé que antes esta era su rutina, tendré que preguntarle si todavía la mantiene.

Lo que está claro es que Ona siempre va por delante de lo que va a pasar, se anticipa a todo, y la experiencia en Manchester la ayudó a madurar en todos los sentidos. Es joven, pero eso no impide que persiga y conquiste horizontes, aunque «tenga muchas cosas que mejorar todavía», como afirma ella. Una de sus grandes hazañas fue jugar y marcar en el mítico estadio Old Trafford, el Teatro de los Sueños. «Fue como un sueño, uno de los mayores logros a nivel personal. Es que... fue mágico», me contó un día en una entrevista. Fue en un partido contra el Aston Villa, un gol con poquito ángulo y estéticamente precioso. Si antes había sentido el calor de los aficionados, ese día la arroparon y lo celebraron como nunca. Todo ese crecimiento lo trasladó al Mundial, porque allí me dijo: «Personalmente estoy en un momento muy bueno, me encuentro mejor a nivel físico, y eso se refleja en el trabajo que se hace». Es más, al inicio de la competición, cuando el equipo estaba instalado en la localidad de Palmerston North, en la isla norte de Nueva Zelanda, ella comentaba que se sentía «como en casa, como en Manchester, porque hace frío y oscurece pronto». Y sí, dijo la palabra *casa,* porque, aunque ahora haya vuelto al Barça, no duda cuando afirma que «Mánchester para mí siempre va a ser como mi segunda casa, después de Barcelona, claro». Porque un día una chica de Vilassar de Mar tuvo que poner tierra de por medio antes de lo que hubiera imaginado para poder cumplir sus sueños y para llegar a convertirse en la lateral que es a día de hoy.

Sigue viviendo alejada de los focos, ya que no es muy dada a ser una protagonista mediática, pero sabe convivir con ello siendo seria y profesional a la vez. No es lo único que la define: también lo hacen la tenacidad y el esfuerzo. Sólida en defensa e incisiva en ataque, siempre salta al campo con el pie derecho, aunque si lo hiciera con el izquierdo seguiría siendo esa lateral que ha crecido con el juego corto para poder intervenir con la pelota (sin olvidar el objetivo de defender). Se marchó de su club, pero nunca llegó a separarse de él. Vivió los logros azulgranas en la distancia (a veces hasta se dejaba ver por el estadio Johan Cruyff) y tenía claro que regresaría. Pero lo haría por la puerta grande, dejando atrás la versión antigua de una Ona Batlle que aterrizaba en Manchester con ganas de aprender y comerse el mundo. Desde luego, podemos decir que lo ha logrado con creces.

3

TERE ABELLEIRA

La eficiencia dulce y silenciosa

Fecha y lugar de nacimiento	9 de enero de 2000, Pontevedra
Posición	Centrocampista
Equipo actual	Real Madrid C. F.

Vayamos a un día de verano en Galicia. Aunque la mañana ha empezado nublada, poco a poco se va despejando. En la arena, dos niñas y un niño juegan con una pelota. Una de las niñas parece pasárselo bien corriendo de un lado a otro, pero el niño y la otra niña se retan la pelota con ganas. Así me imagino yo los días de verano de nuestra protagonista. ¿Qué te viene a la cabeza a ti si te hablo de un día de playa? Puede ser que pienses en tomar el sol, jugar a las palas en la arena, quizás eres más de estar todo el rato flotando en el mar o practicando *snorkel.* Probablemente en tu mente haga calor, pero también podría darse el caso de que tus recuerdos sean del invierno, cuando tienes la playa casi casi para ti. No le he propuesto este ejercicio a Tere Abelleira, pero estoy bastante segura de que, si le preguntara qué le evoca la palabra *playa,* su respuesta se parecería bastante a la que he descrito al inicio del párrafo.

La arena gallega fue el escenario de los partidillos de Tere con su hermano Tomás, cinco años mayor que ella. Les encantaban las tandas de toques eternos en las que el objetivo era que el balón nunca cayera al suelo. Tomás le hacía algunos caños que la dejaban con la boca abierta, pero no se daba por vencida y seguía intentando quitarle la pelota a su hermano. No sabría decir a quién de los dos le gustaba más jugar, pero sí que puedo adivinar de dónde les venía esa pasión: de su padre. Es más, muchas veces se unía a sus hijos cuando jugaban en la playa de Covelo, A Lanzada o Sanxenxo. En la ecuación entraban la sombrilla, la nevera y el balón: ese era el *pack* indispensable de jornadas de arena y mar que podían durar horas y horas.

Milo Abelleira es un conocido entrenador en Galicia que dirigió a conjuntos clásicos de segunda división B y que también hizo de precursor en su casa. Quizás el camino fácil habría sido presionar a sus hijos para que siguieran su estela (como hacen muchos), o bien haberles dado lecciones constantemente cuando vio que se interesaban por el fútbol, pero nada más lejos de la realidad. Milo tuvo la capacidad de mantenerse en un segundo plano y ver la evolución de los dos hermanos desde la distancia, sin forzarlos a nada y mostrando el máximo respeto por los entrenadores que tuvieron y lo que les inculcaron. A él la pasión por el balón también le venía de herencia: fue su padre, el abuelo de Tere, quien le contagió la fiebre del fútbol, así que todos los Abelleira tenían y siguen teniendo algo en común más allá del apellido. Aun así, ni su padre ni su abuelo intervinieron para que Tere siguiera el camino que la vida le tenía preparado. Más bien tendríamos que culpar al campo que había al lado de su casa en A Caeira y a su hermano Tomás.

El deporte corre por las venas de esta familia. Además de Tere y Tomás, que optaron por el fútbol, Iria, su otra hermana, se decantó por el atletismo y vivió el deporte en paralelo a sus hermanos. Tere también lo practicó durante un tiempo, al igual que el taekwondo. Pero, claro, si se trataba de ir a ver entrenar a su hermano o de estar presente en uno de sus partidos, ella era la primera de la fila. Su instinto la llevaba a memorizar los movimientos de Tomás. Curiosamente él ocupó durante muchos años la misma posición en la que jugaría su hermana, así que, sin saberlo, Tere ya empezaba a ensayar para la gran función que protagonizaría años después.

Tere era una niña tranquila y buena desde bebé, aunque ser la pequeña de los tres hermanos no le impidió imponerse de vez en cuando y competir contra ellos cuando se trataba de fútbol. Hasta se atrevía con los amigos de Tomás cuando había un balón de por medio. Con cinco años empezó en el A. J. Lérez siendo la única niña y siguió ligada a él conforme iba creciendo. A pesar de que Milo no quisiera entrometerse en su desarrollo como futbolista, esa norma se rompía si Tere le pedía su opinión después de los partidos o si se iban a jugar con su hermano y él consideraba que había alguna lección que podía serles útil. Una de las que más recuerda Tere es que, cuando entrenaban los pases, su padre siempre le decía que no mirara el balón: «Mírame a mí, mírame a mí. No mires el balón, que tú ya sabes adónde va. Aprovecha y mira el juego». Si este consejo es el que ha servido para que hoy ella tenga una lectura de juego espectacular, la capacidad de ocupar los espacios en el momento oportuno y la agilidad mental para entender al segundo lo que está pasando en un partido y reaccionar..., ¡bravo, Milo! Gracias en nombre de todos los aficionados.

Si hablamos de precisión y de anticiparse a la toma de decisiones, hay que destacar que parte del mérito lo tuvo el fútbol sala, que Tere practicó durante tres años. Llegó a proclamarse campeona de España siendo cadete. Aquí su familia no tuvo nada que ver, porque la «culpable» de que se apuntara al conjunto femenino fue su amiga Marta. ¿Alguna vez te has decantado por una asignatura optativa porque tus amigos se han apuntado a ella? ¿Has sucumbido a un plan que quizás no te apetecía mucho porque tu mejor amigo o amiga ha insistido en que os lo pasaríais de lujo? Pues algo parecido le pasó a nuestra protagonista, aplicado al mundo del deporte. Tere compaginó fútbol y futsal y llegó a ser internacional en la categoría sub-17.

Fue precisamente durante un campeonato de España de fútbol sala cuando recibió una de esas llamadas que te cambian la vida para siempre: el Dépor la quería entre sus filas. Hemos hablado de que a veces los amigos ayudan a tomar decisiones, ¿verdad? Pues si a ella el proyecto la motivaba, imagina cuando supo que compartiría vestuario con niñas con las que coincidió en la sub-12 gallega. Dicho y hecho, la decisión estaba tomada.

En el Dépor entendieron casi desde el principio que la lectura del juego era una de las principales virtudes de nuestra dorsal número tres. Jugando en A Coruña se dio cuenta de las metas que podía llegar a alcanzar en el fútbol, y eso que llegó siendo una niña. De hecho, fue su primera experiencia fuera de casa, lo que significaba empezar a dejar atrás a los amigos y familiares, además de la panadería de sus abuelos. Seguramente ahora en el pueblo a los miembros de su familia los conozcan como la madre, el padre, el hermano, la abuela, el primo, etc., de Tere Abelleira, pero años atrás era al revés. Mucha gente la conocería por ser «la hija de Milo», pero seguramente otros lo harían por ser «la nieta de los panaderos» o «la nieta de Tomás y Chicha». Sus abuelos regentaban una conocida panadería en la Zona Vella de Pontevedra bajo el nombre de Pan Artesano Abelleira. Un tipo de negocio muy sacrificado que les impidió seguir los primeros pasos de Tere en el fútbol, aunque ya se encargaban ellos de que alguien les pasara la «crónica del partido» para saber cómo lo había hecho su nieta. Los clientes les decían que lo hacía muy bien, aunque, cuando lo comprobaron con sus propios ojos, no se imaginaron que el nivel fuera tan alto. A lo largo de estos años, Tere ha intentado visitar a sus abuelos tantas veces como le ha sido posible y hasta les dio una sorpresa aprovechando una concentración de la selección española sub-19 en Sanxenxo. ¿Qué podía alegrarles el día a sus abuelos? Presentarse con sus compañeras en la panadería para compartir un rato con ellos. Por desgracia, si vas hoy a Pontevedra, ya no podrás disfrutar del pan artesano Abelleira porque en enero de 2023, y tras 142 años de historia, bajaron la persiana de su negocio. Una panadería que estéticamente se podría definir como las de pueblo de toda la vida, con un cartel blanco en la entrada con el nombre del establecimiento en granate y con la peculiaridad de que, si mirabas el interior desde la calle y veías el expositor del pan, ya sabías automáticamente que el sabor sería auténtico, de los de verdad.

Lo bueno es que, después de cerrar, Tomás y Chicha pudieron disfrutar todavía más de Tere. Antes del Mundial, cuando aún no sabía si sería una de las elegidas para irse a las antípodas, ella le decía a su abuelo: «Dame besos, a ver si me llaman». De esos no le faltaron, aunque no la pudiera ver a menudo. Él tiene una foto suya enmarcada de 2005, y su ritual mañanero es darle un beso cada día. Es una imagen donde una pequeñísima Tere sonríe tímida a cámara y lleva una corona de flores en la cabeza. Esa dulzura y esa timidez no solo quedaron inmortalizadas para siempre, sino que forman parte de su ADN. Cuando tratas con Tere cara a cara puedes percibir perfectamente esa aura angelical que tiene, y creo que será una de las características que la definirán aunque pasen los años. Sin importar con quién de sus seres queridos hables (compañeras, entrenadores anteriores y actuales, familia...), todos coinciden en que es una chica sencilla, muy educada y, sobre todo, muy buena persona. Es de esas jugadoras que siempre suman en un vestuario, risueña, y muchos aseguran que «es imposible decir nada malo de ella» por cómo trabaja y por su personalidad.

Pero, claro, a veces las personas más dulces y bondadosas son también las que reciben el odio de quienes no les llegan ni a la altura de los zapatos, o en este caso, de las botas de fútbol. Tere, como desafortunadamente tantas otras personas, fue víctima de la homofobia.

Tere y Patricia Curbelo coincidieron en el Dépor y se enamoraron, pero, cuando hicieron pública su relación, ambas recibieron insultos homófobos. El caso tuvo repercusión mediática, pero ellas no solo no dieron marcha atrás ni se escondieron, sino que utilizaron sus perfiles en las redes para demostrar que nadie las achantaba. Quiero compartir un trozo del texto de Curbelo, porque creo que ejemplifica cómo pudieron sentirse en ese momento:

> Muchos dicen que damos asco o que está de moda, que no hemos elegido al chico adecuado y muchas cosas más. No voy a publicar cada una de las barbaridades a las que día a día nos enfrentamos por estar con una persona del mismo sexo. Si yo pudiera volver atrás y escoger entre géneros y condiciones, sin duda elegiría no ser como tú. ¿Alguien sabe lo que es tener una revolución? Pues yo la vivo diariamente.

No hace falta añadir nada más.

Del Dépor, Tere saltó al Real Madrid, donde mantuvo su dorsal número tres. Por cierto, un tres que le ha gustado desde pequeña y que después tendría distintos significados que lo harían todavía más especial, porque coincide con que en casa de Tere son tres hermanos y que ahora tiene tres sobrinos a los que adora. En Madrid ha tenido buenos momentos, pero también algunos que han mermado su autoconfianza, como, por ejemplo, los que vivió antes de irse al Mundial de Australia-Nueva Zelanda vistiendo de blanco. Allí es donde su entorno tuvo que salir al rescate. Estando en las antípodas, me explicó:

> La verdad es que tengo la sensación de que este año he madurado un montón. Puede ser que esperara tener más minutos de los que me han dado esta temporada en el club y eso me ha hecho crecer y hacerme fuerte mentalmente. Quizás esto es lo que me ha ayudado a llegar hasta aquí con la madurez que me faltaba. Me he apoyado mucho en mis padres, mis hermanos y mis sobrinos, porque, cuando vas entrando y saliendo de las dinámicas, es difícil mantenerse en un buen nivel, así que intenté hacer hincapié en eso.

Si en medio de ese nubarrón negro que planeó por encima de su cabeza le hubieran dicho que sería determinante en el Mundial, seguramente todo habría sido más fácil. Pero también es cierto que a veces necesitas ese aprendizaje previo para dar la talla y sacar una nota altísima en un examen final como el campeonato del mundo. Jugó de titular en los siete encuentros que disputó España. Permitió al equipo controlar las transiciones rivales con más facilidad y firmó unos números espectaculares. Te lo resumo rápido: fue la jugadora con mayor efectividad a la hora de pasar el balón (90,2 por ciento) y la que más veces recuperó la pelota (63). Sin duda alguna, se redescubrió a sí misma, y eso supuso un punto de inflexión a nivel de confianza. Lo mejor de todo es que pudo vivir todo ese proceso acompañada de sus padres, Milo y Teté.

Allí, al otro lado del mundo, se formó una nueva y gran familia que arropó a todas las jugadoras y a la que se iban incorporando integrantes a medida que el campeonato iba avanzando, pero sin duda la *alma mater* fue Teté. Acompañada siempre de su bandera de Galicia, la ondeaba en los campos para que Tere pudiera detectar fácilmente dónde estaba. Además, su fabulosa manicura causaba sensación. Me la enseñó cuando coincidimos en el hotel de Sídney donde nos alojábamos y no faltaba detalle: la bandera de España, ese número tres tan importante para su hija, la bandera de Galicia... Como tantas otras madres, su figura ha sido clave en la carrera de Tere. La llevaba a los entrenamientos, la apoyaba como la que más y el destino quiso que el día de la final fuera el de su cumpleaños. Recuerdo que estábamos todos muy nerviosos, pero Teté parecía estarlo el triple: «Es que es mi cumpleaños, tienen que ganar. Mi regalo tiene que ser una Copa del Mundo, yo la necesito». Había tenido que pedir un favor en el trabajo para poder estar allí y, mira por dónde, su hija cumplió el deseo de su madre y le recompensó todo el esfuerzo con el mejor regalo de todos.

Porque en ese momento en el que alcanzas la gloria es cuando te das cuenta de que muchas veces ocurre el milagro: cuando luchas, la vida te lo devuelve de algún modo. En el caso de Tere, valió la pena entrenar mil veces los lanzamientos de córner a lo largo de todo el Mundial, por ejemplo. Siempre con ganas, trabajando en silencio y sin rendirse. Perdiéndose celebraciones familiares, viendo crecer a sus sobrinos a través de videollamadas o dejando atrás su tierra de meigas, viéndose obligada a cambiarla por otras ciudades donde el fútbol la llevaba. Es un ejemplo de respeto a sus compañeras y ha descubierto que puede tener un gran potencial y un enorme crecimiento si confía en sí misma. Tere ha demostrado que no hace falta llamar la atención constantemente para destacar. Ella tiene otro estilo. Lo suyo es el trabajo sigiloso del día a día, sin grandes estridencias, pero con mucha constancia. Con eso no le hace falta nada más, porque Tere ya se encarga de hablar y de demostrar su potencial en el campo.

4

IRENE PAREDES

Caminar para que otras puedan correr

Fecha y lugar de nacimiento	4 de julio de 1991, Legazpi (Gipuzkoa)
Posición	Defensa
Equipo actual	F. C. Barcelona

Sábado, 19 de agosto de 2023. Era el día que en argot periodístico conocemos como *MD-1* o *Match Day-1,* el día antes de la final, en el que tienen lugar las ruedas de prensa de los equipos que van a jugar. Suelen tomar la palabra los seleccionadores, acompañados de una o dos jugadoras. La sala de prensa del estadio de Sídney estaba hasta arriba, no cabía ni un alfiler. Mi compañero Roberto y yo nos colocamos donde pudimos; él tuvo que hacerme un hueco para que pudiera sentarme entre sus piernas, aunque desde ahí yo no veía la mesa donde estaban los protagonistas, pero la rueda de prensa estaba a punto de empezar y no había otro sitio donde ponerse. Estábamos rodeados del cuerpo técnico de la selección española y la emoción se palpaba en el ambiente. Haber llegado hasta este momento era tan impensable años atrás como emocionante en ese preciso instante. Se había creado un aura mágica donde todos conteníamos las lágrimas como podíamos. Hasta que habló Irene Paredes. Ese fue, más allá del día de la final, el momento del Mundial en el que vi más caras inundadas de lágrimas.

Prácticamente todas, la mayoría de las que estamos aquí, hemos crecido pensando que este no era nuestro lugar, que no nos pertenecía y sintiendo que nos han puesto pegas a lo largo de los años. Si sirve para que sepan que este lugar también es nuestro, que realmente se puede, eso también es historia y nos hace realmente felices.

Para transcribir estas declaraciones, he vuelto a escuchar lo que dijo Irene y cómo lo dijo y, aunque hayan pasado muchas semanas y meses desde entonces, sigue calándome hondo como el primer día. Los inicios de Irene en el fútbol fueron difíciles, y el camino que tuvo que seguir a veces no estaba dibujado. Tuvo que ir abriéndolo ella, entre otras. No en vano, es una de las veteranas de la selección. Un matiz: veterana, pero jovencísima. Somos de la misma generación, ¡qué voy a decir si no!

Nació y creció en una familia cuyo amor por el deporte formaba parte de su ADN. Su madre jugaba al baloncesto de forma *amateur* y su padre al fútbol, además de practicar atletismo. ¿Y qué pasaba con Irene? Pues que a ella lo que le gustaba de verdad era el fútbol, aunque antes de practicarlo buscó una alternativa. El vínculo de su padre con el atletismo y verlo competir hizo que ella se interesara por este deporte. Un día, en la grada de uno de los campos de la Ciudad Deportiva del Barça, me dijo: «Y lo hacía bien. De hecho, todavía tengo un récord de jabalina de Gipuzkoa, absoluto. Hace poco pasaron los datos y sigo teniéndolo, es gracioso». Me tocaba a mí hacer un poco de investigación periodística para ver de qué cifras estábamos hablando y, efectivamente, pude dar con el extracto de la noticia de ese hito.

La atleta componente del Goierri Garaia Atletismo Irene Paredes ha establecido la plusmarca guipuzcoana absoluta en la prueba de lanzamiento de jabalina con un lanzamiento de 40,30 metros. El anterior registro, que databa del año 1999, hace nueve años, estaba en manos de Maialen Alberdi con 40,03 metros.

Irene se inició en el atletismo con doce años, pero ya antes había practicado judo de los seis a los doce, aunque ella cree que empezó «corriendo *crosses* algo antes de los doce, y luego estuve hasta los diecisiete. Hacía pruebas combinadas y la jabalina era de lo que se me daba mejor. Eso y las vallas, dos cosas superdiferentes». Pero la semillita del fútbol seguía plantada en ella.

Plantearse ser profesional era algo que no existía. Yo solo sabía que quería jugar al fútbol, pero nada más. Y una vez que empecé, no lo hice de manera profesional, porque no existía, no había nada. De hecho, yo nunca he pensado: «Quiero ser jugadora de fútbol profesional». Se me han ido abriendo puertas y he ido aprovechando las oportunidades. Evidentemente, me hubiese gustado tener ese sueño desde pequeña, pero es que simplemente no había esa posibilidad. Yo seguía mucho la liga de los chicos, tenía los cromos, me pasaba el día en la calle jugando al fútbol..., pero no decía «Yo quiero ser eso», porque era chica y no podía hacerlo, no existía.

A pesar de ello, y por suerte, se guio por la pasión y siguió insistiendo. Con trece años ya iba a entrenar y con catorce empezó a hacerlo por fin oficialmente. Para ella, aquello era:

... haber empezado muy tarde, aunque antes de los catorce lo hice durante un año con una ficha falsa, porque no podía jugar por ser chica. No había equipos de mi edad femeninos, solo había un conjunto femenino sénior, y tampoco me dejaban jugar con los chicos. Ese fue el motivo por el que tuve que esperar tanto para empezar. Y no entiendo por qué no me dejaban estar con ellos, porque sé que en otros pueblos sí que lo permitían.

Lo bueno es que llegó con los deberes hechos a nivel físico. Estaba en muy buena forma para lo que era habitual, porque en aquel entonces ese aspecto aún no se trabajaba demasiado en los equipos femeninos de fútbol.

Yo con diez o doce años ya hacía sesiones en el gimnasio porque el atletismo lo requería. En cambio, cuando pasé al fútbol se hacía mucho menos. También es cierto que tengo una genética privilegiada, que lo sé, pero es verdad que empezar tan pronto a desarrollar y preparar el cuerpo me ha ayudado muchísimo a lo largo de este tiempo.

Esos primeros años de fútbol, atletismo y estudios fueron intensos para la Irene adolescente. Le pregunté si, en el resto de los aspectos, su vida era como la de las demás adolescentes de su edad, y ella me contó como curiosidad que no recordaba haber comprado revistas juveniles, aunque «tenía algunas fotos de la *Súper Pop* o la *Bravo,* pero de habérselas visto a mi hermana y haber pegado algunas. Tampoco he sido de tener ahí el pedazo de póster, estaba más focalizada en jugar y en sacar los estudios como podía que en otras cosas». Automáticamente le dije:

—Porque tú, cuando ibas al colegio, ¿eras buena estudiante?

—Sí, muy buena estudiante —me dijo un pelín avergonzada, pero admitiendo algo que estaba segura que corroboraría el cien por cien de sus compañeros de clase y profesores.

—¿Ves? Es que lo sabía, te prometo que cuando he hecho esta pregunta ya conocía la respuesta. Me cuadra tanto contigo. Se te ve una persona supermetódica, constante, organizada...

—Sí, a ver, tengo facilidad. Por aquel entonces no tenía tiempo, porque yo estaba todo el día jugando al fútbol y al atletismo. Y sí, eso, tengo bastante facilidad, pero era cabezona y ordenada, así que, si tenía que estudiar, estudiaba. Me lo sacaba todo a la primera.

Y hasta le quedaba algo de tiempo para ir al monte en familia. No sé hasta qué edad se alargó la tradición, pero sí sé que guarda con cariño ese recuerdo de su infancia.

Los domingos prácticamente todos mis amigos iban a misa y, en cambio, en mi casa era el día de ir al monte. Íbamos muchísimo. Mi pueblo está en un valle, rodeado de monte, entonces ahí tienes un millón de rutas para hacer. Cada vez íbamos a un sitio distinto y probablemente la velocidad a la que andábamos mis hermanos y yo no sería muy alta, pero tengo ese recuerdo. La libertad que te da el momento en familia de respirar al aire libre, todos juntos, creo que es algo superpositivo. Nos llevábamos el bocata y hacíamos algo que era bueno para nuestro cuerpo y para la mente.

Tendríamos que apuntar el senderismo a los ya numerosos deportes que realiza esta familia, pero sin duda la pasión de Irene desde pequeñita fue y sigue siendo el fútbol. Y mira que no lo tuvo fácil para poder empezar a practicarlo, pero es que tampoco mejoró mucho la cosa durante su desarrollo y su crecimiento como jugadora.

En los primeros equipos que tuve me entrenaba gente que hacía lo que podía. Sí que tenían el título de entrenador, pero también había algún padre ayudando. Piensas en los entrenamientos y eran muy justitos. Al final esa gente también tenía su vida, su trabajo y luego además venían a entrenar de una forma... Por amor al arte, vaya. Por desgracia, siempre nos quedaba para nosotras la gente que no servía para el masculino, porque los mejores, los que tenían más capacidad o conocimiento, siempre iban para ellos. Digo *los*, porque *las* era algo que no existía, aunque casualmente mi primera entrenadora fue una chica, Susi. Probablemente no tuvo la oportunidad de entrenar a los chicos y por eso se quedó con nosotras.

Irene quería avanzar, probarse e ir aprendiendo más cada día. La vida la llevó a la Real Sociedad, que le enseñó a ser todo lo profesional que se podía con los recursos con los que contaban por aquel entonces, y luego al Athletic Club, que, al ser de los clubes pioneros, estaba unos cuantos pasos por delante de la mayoría de conjuntos femeninos españoles. Allí la empezaron a llamar la *Swedish* por su fisonomía, aunque quién le iba a decir que al cabo de un tiempo podrían haberla apodado la *Parisienne.*

Es momento de hablar de Vero Boquete. La jugadora de la Fiorentina e Irene tienen muy buena relación. Vero, más allá de ser una de las pioneras del fútbol profesional en España, «es una trotamundos», como dice Paredes. Ha jugado en Estados Unidos, Rusia, Suecia, Alemania, Francia, China y ahora en Italia. Y, más allá de su trayectoria internacional, da la casualidad de que comparte agente con Irene. A partir de aquí y teniendo esto en cuenta, en 2016 se dieron varias circunstancias:

1. Vero le contaba sus aventuras en el extranjero a Irene.
2. Irene tenía el gusanillo de «salir a ver mundo».
3. Quería ponerse a prueba en lo personal, pero también en lo profesional, para saber si realmente tenía nivel o no.
4. El PSG se interesó por ella.
5. No solo por Irene, el PSG también quería a Vero Boquete.
6. ¿Irse las dos a París a vivir una aventura a la vez? Eso estaba hecho.

Irene me contó:

Es que era algo secundario, pero Vero también iba a estar allí. Tampoco iba a estar completamente sola descubriendo qué pasaría, y no podría haberme acompañado alguien mejor, porque llevaba de trotamundos unos cuantos años. Ella sí que ha vivido momentos duros y además estando sola. No te voy a decir que no me lo pensé, porque todas las decisiones conllevan una reflexión y esos cambios son importantes. Significaba irse a otro país, con otra cultura y otra lengua. Pero llegué a la conclusión de que no podía desaprovecharlo y... palante. Tenía que ir.

Dejó atrás la comodidad que había encontrado en el Athletic Club y se fue a un sitio donde todo fue diferente. Al llegar a Francia, lo primero que le sorprendió fue el físico de las jugadoras que competían en la liga francesa. Cuando le pregunté al respecto, Irene me contó:

—¿Y qué me dices del portento físico de tus compañeras?

—Ah, bueno, eso fue una barbaridad. Llegar allí y verlo, ¡madre mía! Yo ya había estado jugando con gente que a nivel físico trabajaba más, pero es que llegar allí fue... Recuerdo comentar a menudo con Vero que «rematan de cabeza de la forma en que nosotras chutamos con el pie». Pero, bueno, eso te curte. Era adaptarse a eso o no tenías cabida en el equipo.

Y es que, además, una de las características del PSG a día de hoy sigue siendo esa: el físico que tienen sus jugadoras y el juego directo.

—¿Te costó adaptarte a eso?

—Un poquito, pero también cogí el ritmo y tampoco llegué a plantearme si me estaba costando más o menos, porque tenía claro que un cambio iba a suponer un periodo de adaptación. Yo ya sabía que iba a tener momentos difíciles, que si me lesionaba iba a estar lejos de mi familia..., pero yo ya iba con esa idea. Durante los primeros meses no comprendía nada, no entendía el fútbol o cómo se quería jugar. Pero también es verdad que Lucía vino enseguida y eso me cambió la experiencia.

Lucía Ybarra y ella son una. Lucía es exjugadora de *hockey* y, además, desciende de una familia de Getxo de gran tradición en *hockey* hierba. ¿Por qué cuento esto? Porque con eso entendemos todavía más su papel fundamental en la vida de Irene, ya no tanto como su mujer (que también, obviamente), sino por ser una persona que ha vivido el deporte profesional en sus carnes y ha podido empatizar con Irene desde el primer minuto. Lucía llegó a la capital de Francia un mes más tarde que ella después de regresar de los Juegos Olímpicos de Río de Janeiro 2016, donde su hermana Rocío compitió con la selección española de *hockey* sobre hierba.

Coincidieron en la Real Sociedad, cada una en su especialidad, y, tiempo después, cuando Lucía llegó a París siendo ya su pareja, sus consejos ayudaron a que Irene rebajara su autoexigencia y, en cierto modo, contribuyeron a que disfrutara de las pequeñas cosas que le regalaba el día a día en una ciudad tan mágica como París. El desarrollo de Irene desde ese momento fue en línea ascendente y hasta pudo vivir una experiencia que en cierto modo unía su pasión por el fútbol con el atletismo: una carrera cronometrada al segundo piso de la Torre Eiffel. Ese fue el reto que Olivier Echouafni, por aquel entonces entrenador del PSG, preparó para su equipo. El objetivo final era subir los dos mil escalones que conducen hasta ese segundo piso lo más rápido posible, algo que ningún conjunto de fútbol había hecho con anterioridad. Ese día se levantaron temprano y pasaron de ver la Torre Eiffel en su logo a retarla cara a cara. Y... adivina quién ganó. Pues Irene Paredes, ¿quién si no? No esperábamos menos de ella, ¿verdad?

A pesar de la más que decente trayectoria en el PSG, todo en esta vida llega a su fin, y el tiempo de Irene en París no iba a ser menos. Después de cinco años en el equipo parisino, la jugadora regresó a casa, y cómo no hacerlo si sus planes eran incorporarse al Barça con un objetivo claro: sumar una Champions a su palmarés. Esta mudanza coincidió además con el anuncio de su maternidad y el nacimiento de su hijo Mateo, aunque, como me contó Irene:

Mucha gente nos dijo que volvíamos a España porque iba a nacer él, pero nada que ver. Mateo iba a nacer donde estuviésemos en ese momento. Yo vine al Barça porque quería ganar la Champions y volví para conseguirlo. Coincidió que estábamos algo más cerca de casa y que la vida era más sencilla. Yo acababa contrato y surgió bastante pronto lo de venir a Barcelona. Ya había tenido contacto con el club y, en ese momento, no tenía en mente volver por volver. Sí que creía que el ciclo en el PSG se había acabado, pero tampoco quería irme a cualquier sitio. El Barça acababa de ganar la Champions, las jugadoras sabían cómo se trabajaba y yo pensé que quería jugar con esa gente y formar parte de eso.

Y después de transmitir los valores de una líder dentro y fuera del campo, cumplió un objetivo que le rondaba por la cabeza en París y que vio culminado el 3 de junio de 2023 consiguiendo una Champions en Eindhoven que anteriormente se le había escapado en dos ocasiones. Lo celebró junto a su familia, aunque ninguno sospechaba que ese éxtasis se esfumaría de golpe tan solo seis días después, cuando, a poco más de un mes del inicio del Mundial, su vida y la de toda su familia se truncó.

Desgraciadamente, su padre, aquel que le inculcó el amor por el atletismo y que fue ejemplo para ella en lo deportivo y en lo personal, falleció de forma repentina. Aquello fue un gran palo para la familia. Irene, que debería haber estado en uno de los momentos más felices de toda su vida, se vio obligada a experimentarlo sumida en una gran tristeza. Intentó recomponerse para volver a la rutina poco a poco, aunque le costó. Todo el mundo intentaba arroparla, independientemente de si eran compañeras de equipo, miembros del cuerpo técnico o periodistas. Quizás no podíamos abrazarla, como a muchos nos hubiera gustado, pero nuestra forma de apoyarla fue ser lo más respetuosos posible con ella y con su situación. Llegado el Mundial, decidió mostrarse disponible para jugar pese al varapalo y afrontó el gran reto con el apoyo incondicional de Lucía y de Mateo.

«Mateo ha sido la pieza clave en el Mundial», me comentó Irene. No solo para ella, sino porque su hijo aportó alegría y ternura a todos los que pasamos tantos días en la otra punta del mundo. Más allá de Irene y de Lucía, el resto de las jugadoras se desvivían por él. Recuerdo que nos encontramos al equipo en un aeropuerto en medio de uno de los múltiples viajes del Mundial. Mateo tenía una pelota pequeña a la que iba dándole patadas y hacía partícipes al resto de presentes con sus «pases» y su simpatía. Era imposible estar a su lado sin sonreír.

Cuando nació fue algo muy *heavy*, porque aprendes de alguien que viene sin manual de instrucciones y cada día hay algo nuevo. Sí que ha habido que hacer algunos cambios a nivel de gestión de tiempo y de familia, pero nos lo pone muy fácil.

Y, por lo que me han chivado el resto de las jugadoras de la selección, Irene ejerce de «mami» con Mateo del mismo modo que también lo hace con ellas, aunque debo adelantar, y ya lo veréis en el siguiente capítulo, que no es la única a la que le salía ese comportamiento. «Siempre te cuida, busca lo mejor para ti y da consejos de madre», me decían. Irene me comentaba que siempre había tenido la suerte de que su entorno la había cuidado mucho, porque había coincidido con gente muy buena.

Yo he vivido la presión de ser capitana en el equipo y he aprendido mucho de ahí. Sé lo que cuesta cuando eres joven y entras en un equipo profesional, también cuando eres suplente y sí, me gusta cuidar a la gente y que estén a gusto. Además, si se sienten así, el equipo va a rendir.

Y es que Irene ejerce siempre de capitana, aunque en el Mundial no llevara el brazalete puesto, pero su rol va mucho más allá de esa capacidad de liderazgo. En el campo transmite seguridad, impulsa a todas las demás, es la cabeza pensante y la que pone los puntos sobre las íes. Sabe dar serenidad durante el partido y, si las cosas van mal, ella es la primera en enfundarse el mono de trabajo y tirar del carro.

Irene creció sin referentes femeninos en el deporte que amaba, pero ella ha acabado convirtiéndose en uno, no solo para las niñas que están empezando en el fútbol, sino para muchas de las jugadoras más jóvenes que ganaron el Mundial junto a ella. Un título que celebró con lágrimas en los ojos por la mezcla de emociones del momento. Su padre la vio ganar la Champions y estoy segura de que, de algún modo, estuvo a su lado cuando se hizo con el campeonato del mundo. «Estos meses han sido duros, los próximos van a seguir siéndolo y qué menos que dedicárselo a él», me dijo ese día visiblemente conmovida. Su capacidad de superación y su perseverancia la han llevado hasta lo más alto del fútbol, aunque siempre haya habido quien se ha empeñado en hacerle sentir que no pertenecía a esto. En sus propias palabras:

> Sigue pasando. De una manera mucho menor, porque al principio estaba claro que no te dejaban jugar al fútbol por ser mujer, pero se sigue dando. Tenías los peores entrenadores, los peores horarios, vestías la ropa que le sobraba a alguien del masculino, no tenías campo de entrenamiento o jugabas en un campo artificial... Todo el rato recibías *inputs* negativos y te hacían creer que realmente no merecías jugar, porque tú no formabas parte de ello. Y así es como hemos crecido. Tenemos que acabar con eso para que las próximas generaciones no se sientan así, que vean que son capaces de ser futbolistas profesionales y tener las mismas oportunidades.

Por suerte, todas estas generaciones venideras siempre podrán verse reflejadas en los valores de Irene Paredes.

5

IVANA ANDRÉS

La paciencia tiene premio

Fecha y lugar de nacimiento	13 de julio de 1994, Aielo de Malferit (Valencia)
Posición	Defensa
Equipo actual	Real Madrid C. F.

Voy a contarte un cuento. Érase una vez una jugadora de fútbol profesional a la que, después de ir acumulando logros, convocaron para el Mundial de Canadá de 2015 con la selección española. Era la primera vez que su equipo disputaba un Mundial absoluto, y ella se sumó al proyecto con toda la ilusión, el trabajo y la dedicación posibles... Sin embargo, no le dieron minutos de juego. Pero la protagonista de esta historia era paciente y sabía que el equipo lo formaban muchas jugadoras, que aún era muy joven y que era normal que aquello ocurriera. Además, solo el hecho de estar allí ya era un privilegio. No quería olvidar que había muchas jugadoras que querrían estar en su piel y que debía sentirse afortunada.

Dos años después, se celebraba la Eurocopa de Holanda de 2017. Cuando salió la lista de convocadas, llena de ilusión descubrió que... ¡aparecía en ella! Sin embargo, a pesar de la emoción, sus peores temores se cumplieron cuando volvió a quedarse sin jugar. «¡Calma! —se dijo a sí misma una y otra vez—, todo a su debido tiempo.» La escena se repitió dos veces más. No decayó con el Mundial de Francia de 2019, al que llegó con más experiencia internacional y ganas de comerse el mundo, pero en el que tampoco hubo un hueco para ella.

Tampoco lo hizo tres años después. Volvió a ver a sus compañeras durante la Eurocopa de Inglaterra de 2022. Acababa de casarse con el amor de su vida y estaba pletórica. ¿Sería aquel su momento? Una vez más, tampoco hubo minutos para ella.

La protagonista de esta historia aprendió que el trabajo y el esfuerzo físico de esos años era tan importante como el mental.

Y entonces... llegó 2023. El Mundial de este año iba a tener lugar en las antípodas, y nuestra protagonista llevaba en ese momento 46 internacionalidades con la selección, pero cero minutos en grandes torneos. La paciencia y la resiliencia de esta jugadora habían sido infinitas, pero una parte de ella le hacía preguntarse si volvería a pasar lo mismo.

Y no, no pasó lo mismo.

La llamaron. Viajaría a Nueva Zelanda. Y sería la capitana.

Esta es la historia de Ivana Andrés.

Cuando llegó el debut contra Zambia, Ivana fue la encargada de dar la charla a todo el equipo. En ese momento en el que todas son una y en el que saben que cada una ha tenido que renunciar a algo para poder llegar hasta allí, la capitana decidió dejarse de formalismos y hablar desde el corazón para dirigirse a sus compañeras. Les dijo que debían...

... ir a por el sueño que todas tenemos desde pequeñitas, que debemos dejarnos la vida, porque llevamos mucho tiempo trabajando para esto, así que toca esforzarse para luchar por cada balón como si fuera el último. Es el primer partido, el primer paso que tenemos que dar, porque detrás de cada una hay mucha gente que nos quiere y que se ha sacrificado por nosotras. Vamos a disfrutar, pero también vamos a cumplir nuestro sueño, que es ganar el Mundial.

Antes de escuchar el pitido de inicio del primer partido y estrenar el brazalete de capitana, seguro que Ivana recordó aquellos paseos de la mano de sus padres, cuando no era más que una niña y su único empeño era zafarse de la protección de la mano de su madre para dar patadas a cualquier papel, botella o lo que hubiera en el suelo. Eso no pasó una, ni dos, ni tres veces, sino que era algo que se daba con frecuencia. Sus padres se dieron cuenta de que su hija había nacido con el gen futbolístico, así que con cinco años decidieron apuntarla al equipo de fútbol de su pueblo, Aielo de Malferit (Valencia). A las más veteranas quizás os suene el nombre del pueblo: es el de Nino Bravo. O *era* el de Nino Bravo. Ahora mismo, la protagonista allí es Ivana Andrés, que más allá de nacer con *un beso y una flor,* también lo hizo con un balón. Cuando era pequeña, su padre la llevaba a ver el fútbol en vivo en el campo de Mestalla. Vivir el ambiente del estadio, la magia de pasar del sufrimiento a la euforia en cuestión de segundos junto con miles de desconocidos, ver a sus jugadores favoritos de cerca... No había nada que le gustara más. Y aunque lo fácil suele ser fijarse en el delantero que marca goles, ella ya empezó a echarle el ojo a los centrales. Le llamaban la atención, observaba fijamente qué hacían durante el partido: cómo se replegaban para cubrir a los laterales, la responsabilidad que tenían cuando ayudaban al guardameta a proteger su portería o el modo en el que iniciaban el juego. Quizás fue allí donde empezó a anotar mentalmente que quería jugar en esa posición, aunque, antes de acabar en ese puesto, fue extremo y mediocentro. Empezó marcando sus goles en el campo de fútbol Juan Bataller y compitió con niños pese a que algunos se preguntaban: «¿Y esta *xicota*? ¿Qué hace con nosotros?». Pues jugar, como el resto. ¿Qué iba a hacer si no?

Unos años después, en 2009, la fichó el Valencia femenino. Tanto ella como Juanjo Andrés, su padre, tenían que salir todos los días hacia Valencia a las seis de la tarde y volver a las doce de la noche a casa para completar la dura jornada que transcurría entre el colegio y el campo de entrenamiento.

Estas idas y venidas de 160 kilómetros duraron hasta que ella acabó Bachillerato. Imagina lo que debe de ser pasar de ese sacrificio, que no sabes si te llevará a algún lado, a ver tu cara en las pantallas de la tienda del Real Madrid. Ivana confesó que la primera vez que lo vio tuvo que grabarlo porque no podía creérselo.

Por aquel entonces, demostró que compatibilizar la vida de estudiante con su verdadera pasión era posible, y lo ha hecho años después como profesional, con la motivación de tener una alternativa laboral cuando acabe su carrera de futbolista. De hecho, terminó un máster en Administración y Dirección de Empresas focalizado en dirección de entidades deportivas, es educadora social y también posee un máster en Prevención e Intervención con Adolescentes en Riesgo y Violencia Filioparental. Y quiero volver a la educación social, porque creo que dice mucho de quién es Ivana Andrés. Cuando le tocó hacer las prácticas, el destino la llevó hasta un centro de menores. Puedes imaginar el tipo de situaciones tan dolorosas que se encontró y por qué hoy en día se siente realizada cuando se trata de ayudar a personas de distintos colectivos. Lo bueno es que en el mundo del deporte se trabajan muchas cualidades y ella puede trasladarlas a su ámbito para ayudar a mucha gente. Por eso no es de extrañar que durante la temporada combine las horas de entrenamiento, y todo lo que gira alrededor de ser una jugadora de fútbol profesional, con las charlas en distintos escenarios, como los colegios, para poder transmitir a niños y jóvenes valores como la igualdad, el esfuerzo y el trabajo en equipo. Tampoco es que le haga falta irse fuera del terreno de juego para ayudar a las demás. Algunas de sus compañeras destacan que: «Cuando tienes un momento de debilidad mental, ella viene, te tranquiliza, te aconseja y te anima. Tiene una empatía que ayuda mucho, porque te sientes muy apoyada cuando más lo necesitas».

Su presencia fue importantísima en el Mundial, especialmente después de la derrota contra Japón en el último partido de la fase de grupos. España no se jugaba nada más allá de quedar primeras o segundas de grupo, porque tenían asegurado un puesto en las eliminatorias, pero ese 4-0 en contra dolió y mucho. «Nos pegaron un buen palo», afirmó Ivana después del Mundial. Pero lo que más le gustó a la capitana fue que el equipo pudo recomponerse: hablaron de la derrota en las comidas y en las cenas, pero lo hicieron en positivo. Tuvieron que tropezar para arreglar los desperfectos y seguir recorriendo el camino, aprendiendo la lección que las llevaría hasta lo más alto: creían en ellas, podían ganar el Mundial, pero debían hacer autocrítica de forma colectiva y también individual. Y eso que, llegados a este punto, la que necesitó del cariño y comprensión de sus compañeras fue la propia Ivana, porque, cuando por fin había logrado que le dieran minutos en un Mundial, saliendo desde el once titular, tuvo una microrrotura de primer grado en el sóleo de la pierna derecha. Fueron días muy duros para ella. El trabajo de recuperación comenzó en camilla; después pasó a hacer ejercicios específicos en el gimnasio, y a ello le siguió el trabajo en el campo hasta que pudo reincorporarse al grupo. Si esa incertidumbre es dura de por sí en plena temporada, todavía lo es más cuando estás en medio de una gran competición. Por suerte, además de sus compañeras y del *staff,* Ivana estaba acompañada de dos de las personas más especiales de su vida: Ana, su mujer, y Jara, su hija y la más pequeña de toda la expedición, ya que nació tan solo unas semanas antes del viaje a Nueva Zelanda.

La Real Federación Española de Fútbol había acordado un plan de conciliación de 15.000 euros por jugadora para que pudieran llevar familiares al Mundial. Si Ana y Jara no se hubieran ido con ella, Ivana lo habría pasado muy mal: tanto tiempo, a tantos kilómetros de distancia y con una diferencia horaria que no habría ayudado a que al menos pudieran comunicarse por videollamada. Ivana no dudó en demostrar su admiración por su mujer: «Ha sido muy valiente por atreverse a cruzar el mundo con un bebé recién nacido». Yo recuerdo con cariño los momentos en los que íbamos al hotel de concentración de las jugadoras y veíamos a Mateo, el hijo de Irene Paredes, y a Jara en brazos de su madre pasando el rato. Ivana seguía centrada en el fútbol, pero también podía evadirse de la presión de un Mundial con Ana y con Jara. Eso sí, siempre respetando su necesidad de estar descansada para poder rendir al máximo. Ella y su mujer tuvieron claro desde el principio que debían dormir separadas para que Ivana no se despertara cuando Jara necesitaba comer. «Estábamos en el mismo hotel, pero Ana a veces me recuerda entre risas que la parte dura de la maternidad, la del principio, se la ha comido ella sola», contaba Ivana. Aunque no pudiera estar presente todo el tiempo, pudieron compartir instantes como el del baño, que fue uno de sus momentos favoritos durante la competición. Tenían una bañera hinchable que facilitaba la logística, la podían montar y desmontar cada vez que cambiaban de hotel. «El perfil mami lo traslada hasta con nosotras —decían algunas compañeras de la selección—, pero además todas pudimos compartir muchos ratos con Jarita, que es superbuena.» Parecía que todo iba viento en popa. Era capitana, la selección seguía avanzando en el camino del Mundial y su familia estaba a su lado.

Sin embargo, la paciencia y la resiliencia de Ivana todavía serían puestas a prueba una última vez. Cuando estaban en Wellington en plena concentración y antes de jugar los octavos de final, Ivana y Ana se dieron cuenta de que Jara no cogía peso y decidieron llevarla al servicio médico de Nueva Zelanda. No sabían que allí conocerían a una persona que acabaría siendo fundamental en la vida de las tres: la enfermera Kelli. Después de examinar a la niña, las mandó al hospital y el pediatra que las atendió les dijo que, por recomendación médica, lo mejor era que se quedara ingresada; así la dejarían en observación para asegurarse de que todo evolucionaba favorablemente. Kelli no solo no se desentendió del tema, sino que se quedó con las tres desde la mañana hasta que les dieron habitación esa noche, a pesar de que ellas insistieron en que podía irse, porque ya había ayudado suficiente. Estuvieron comunicándose gracias al traductor del móvil (gran herramienta) y así pasaron el día hasta que se despidieron cuando ya estuvieron «acomodadas». Kelli, al igual que Ivana con sus compañeras, siempre se preocupaba por los demás y volvió a aparecer a la mañana siguiente para interesarse por la pequeña y llevarle un regalo muy especial: un colgante con una pequeña esfera metálica.

El padre de Kelli es de la isla de Tokelau, al sur del océano Pacífico. Las madres de Tokelau llevan estos collares para que el bebé se tranquilice al oír el tintineo que produce cuando se mueve. El collar que Kelli regaló a las madres de Jara pertenecía a su familia. La peculiaridad que tienen estos objetos es que, según les contó Kelli, atraen todas las energías positivas de quien los ve y los llevan puestos, por lo que ambas tenían que llevarlo, tanto Ivana como Ana, para dárselo a Jara cuando fuera mayor. Así lo había hecho ella con sus hijos.

Jara fue dada de alta al día siguiente y sus madres respiraron tranquilas. Su hija estaba bien, el Mundial volvía a ser el gran foco de atención para ellas e Ivana retomaba su papel de capitana, aunque realmente no lo había dejado en ningún momento. La gestión del vestuario fue una de las grandes claves para que España pudiera seguir cosechando éxitos en el duro camino del campeonato del mundo, y ella tuvo mucho que ver. Sabía que cada una de las jugadoras procedía de un equipo y de un vestuario distinto, por lo que una de sus funciones más allá del terreno de juego fue la de crear una unión entre todas y transmitir a sus compañeras que este era su Mundial. En el partido de cuartos de final contra Países Bajos, que tuvo que irse a la prórroga, pudimos volver a ver a Ivana en acción sobre el terreno de juego. Hasta entonces, le había tocado vivir desde dentro el sufrimiento cuando pisó el campo en el minuto 77 del encuentro, aunque, una vez conseguido el triunfo, fue cuando se dio cuenta de la magnitud de todo lo que España estaba consiguiendo. No volvió a tener minutos hasta el partido clave, el de la final contra Inglaterra. En este caso fue en el minuto 73 cuando se volvió a producir el mismo cambio que ante Países Bajos: salió Laia Codina y entró ella. «Los partidos a vida o muerte son los que nos gusta jugar», contó durante el Mundial. Como capitana, sabía que los nervios de sus compañeras eran evidentes, pero también era consciente de que su función era aprovecharlos: que esa incertidumbre pasara a ser su motivación, lo que les diera energía para dejarse el alma e ir a por el sueño de sus vidas.

Quizás fueron las buenas vibraciones de la «tía» Kelli. Quizás el esfuerzo del *staff* de la selección para que Ivana se recuperara lo antes posible de las molestias en el sóleo. Puede que fuera la magia de la isla de Tokelau, el cariño de Ana o la vitalidad de Jara. Seguramente, sin embargo, fuera la mezcla de todo eso, aliñado con la perseverancia y el esfuerzo, lo que hizo que, después de tantos años esperando una oportunidad en la selección para brillar, Ivana Andrés nos dejara una imagen que va a quedar para los restos de los restos: la de ella con el brazalete de capitana rodeada de sus compañeras levantando hasta el cielo de Sídney la Copa del Mundo.

FIFA

6

AITANA BONMATÍ

La disciplina que recompensa

Fecha y lugar de nacimiento	18 de enero de 1998, Sant Pere de Ribes (Barcelona)
Posición	Centrocampista
Equipo actual	F. C. Barcelona

A veces la vida nos tiene preparadas casualidades muy curiosas. Y si no, que se lo digan a Aitana Bonmatí, que ya antes de nacer pareció avisarnos de que se convertiría en una guerrera reivindicativa. La «culpa» más bien fue de sus padres, que sentaron las bases de un camino en el que, cuando a uno no le dan lo que quiere, lo que merece o lo que es justo, tiene que pelear hasta lograrlo por sí mismo.

Si algo tenían ellos claro cuando supieron que Aitana venía al mundo era que el primer apellido de su hija sería el de su madre (Bonmatí), y el segundo, el de su padre (Conca).

Problema: legalmente eso no era posible. Quizás en ese momento es cuando se empieza a forjar el carácter de la Aitana que conocemos hoy, porque sus padres pensaron que las leyes estaban para cambiarlas y acabaron siendo pioneros. El 18 de enero de 1998 nacía Aitana, pero la nueva normativa que permitía cambiar de orden los apellidos de los progenitores no entró en vigor hasta el 5 de noviembre de 1999. ¿Qué pasó durante ese tiempo? Que oficialmente no se reconoció a su padre y que sus apellidos fueron durante ese periodo los de su madre: Bonmatí Guidonet. Pero eso no los achantó. Esperaron y esperaron, hasta que su voluntad llegó a buen puerto y su hija pudo (por fin) estar registrada legalmente con el nombre de Aitana Bonmatí Conca. Criaron a una niña que creció practicando baloncesto, tenis, gimnasia artística, tenis de mesa y natación, pero hubo un deporte que le robó el corazón desde los siete años: el fútbol.

Aitana jugaba en su casa, aprovechando cualquier pequeño espacio y también cualquier balón: hecho de papel de aluminio, de papel higiénico, una pelota hinchable, una de tenis o, en el mejor de los casos, un balón de los buenos, de los de verdad. De hecho, Aitana me contó que jugaba partidos bastante interesantes con su padre, y él sigue manteniendo a día de hoy que quien ganaba era él. «Pero eso... es mentira», me dijo ella aquel día, medio riendo. No me cuesta imaginar a esa Aitana de siete años descubriendo su pasión por el fútbol y desarrollándola mientras jugaba con su padre en el comedor de casa utilizando las puertas de portería. Tampoco me resulta difícil pensar en ella conforme fue creciendo y aprendió a tocar la guitarra, el piano y hasta se entusiasmó con los rompecabezas. ¿Te das cuenta de cómo muchas veces lo que hacemos de pequeños condiciona cómo acabamos siendo de mayores?

Cuando imagino a esa Aitana que intentaba dar con la solución de esos puzles y acertijos, me trae a la memoria a la misma que vi, por ejemplo, durante los entrenamientos del Mundial. Llevaba puesto el pantalón corto de color granate de la selección, sus mallas negras (no olvidemos el frío de Nueva Zelanda, muchas veces gélido, en pleno mes de julio y agosto, invierno en el hemisferio sur) y su camiseta de manga larga. No había entrenamiento en el que ella no estuviera escuchando atentamente las indicaciones de Montse Tomé, por aquel entonces segunda entrenadora, y siempre, siempre, siempre lo hacía frunciendo el ceño. Pero no porque Aitana estuviera enfadada, sino porque estaba concentradísima, con la misma expresión que tantas veces le hemos visto en el campo. Las piezas que la Aitana pequeñita intentaba encajar para dar con la clave de esos rompecabezas son las mismas que la Aitana de ahora intenta unir para mostrar algunos de sus atributos en el campo: interpretar los espacios, tener visión de juego y ser capaz de marcar goles (piensa en sus golazos contra Suiza), recuperar balones y dar asistencias.

En el fútbol es igual que en los estudios: intenta superarse a sí misma para sacar la mejor nota posible. Y es que, además de ser aplicada de por sí, cuando estudiaba tenía el mejor ejemplo de todos en su casa: sus padres. Dos profesores que supieron inculcarle responsabilidad, disciplina en el día a día, capacidad de poner su atención en lo que está haciendo y, sobre todo, valentía. «Siempre he sido muy autocrítica y muy exigente conmigo misma», me contó una vez. Eso tiene una parte buena, pero también una mala, que la ha llevado a un profundo agotamiento mental en numerosas ocasiones. Cuando arrastras constantemente un saco lleno de emociones, este puede acabar rompiéndose. Por eso Aitana siempre ha sido una de las jugadoras que ha alzado la voz en pro de la salud mental. La primera vez que acudió a terapia fue cuando tenía trece años, y quizás gracias a ese trabajo hoy cuenta con las herramientas necesarias para saber sobrellevar lo que significa ser futbolista profesional.

Durante el Mundial y después de la rueda de prensa que hizo con Salma Paralluelo en una de las salas del Massey Sports Institute, lugar de concentración de la selección en Palmerston North, le pregunté a Aitana si ella tenía un diario de cinco años, porque yo había tenido alguno y, sabiendo que le gustaba escribir, pensaba que podía encajarle. Estos diarios te permiten ver en una misma página el reflejo de qué pasó en tu vida el mismo día de cinco años distintos. Cada página está dividida en cinco espacios, uno para cada año, y allí explicas de forma resumida cómo ha ido tu día. El cuaderno perfecto para nostálgicos y para una persona constante como Aitana (y no como yo, que no he completado ninguno por falta de disciplina). Aunque me dijo que desconocía la existencia de ese tipo de diario, sí admitió que escribía «en general, para desahogarme», y que lo había empezado a hacer como terapia «porque me lo recomendaron». Ella tiene la cabeza siempre activa, no se detiene, va a mil revoluciones por minuto y necesita canalizar todo lo que piensa en papel.

La Aitana pequeñita tenía tan claro que quería jugar al fútbol, pero lo que seguramente no se imaginara era que llegaría a protagonizar una rueda de prensa en medio de un Mundial. Para ella, como para muchos, la andadura había comenzado hacía casi una vida entera y en un espacio que muchos guardamos con cariño en la memoria: jugando al fútbol en el patio del colegio. Ya en aquel entonces tuvo que pelearse con algunos niños por querer jugar siendo niña y, como ella dice, vivió «desde insultos hasta llegar a las manos». Pero tenía y tiene carácter para eso y más, así que, con el pasar de los años, dio el salto del patio del colegio al campo de Sant Pere de Ribes, que, curiosamente, hoy lleva su nombre. Todo ha cambiado mucho. Desde el campo, que antes era de tierra y ahora tiene césped artificial, hasta ella misma, que pasó de ser la única niña en el equipo a compartir vestuario con otras mujeres de forma profesional. El tiempo que estuvo jugando con niños se sentía sola frente al mundo, por lo que aprendió a ser «peleona», como dice la propia Aitana, pero también sufrió. Fueron tiempos difíciles en la convivencia y no se lo contaba a nadie, se lo quedaba para ella. Pero los años pasaron y todo lo aprendido le sirvió para llegar a un momento clave de su vida, en marzo de 2012.

Una entrenadora del C. F. Cubelles le dijo que había llegado un fax del Barça donde le proponían hacer unas pruebas..., y en una semana ya estaba entrenando con el club azulgrana. A partir de ese momento, la familia Bonmatí Conca se vio obligada a emplear un cuadrante para empezar a organizarse a nivel logístico. Tenían que hacer el trayecto Ribes-Ciudad Deportiva Joan Gamper, en Sant Joan Despí, en tren o en autobús. Eso significaba hora y media de ida y otra hora y media de vuelta, teniendo en cuenta que Aitana no podía ni tan siquiera ducharse en las instalaciones, porque, si lo hacía, perdían el último transporte público disponible. Y sí, hablo en plural porque al principio Aitana no estaba sola. Su padre estuvo acompañándola en esos trayectos y hasta tuvo que pedir una excedencia sin sueldo durante un tiempo. Lo que para ti o para mí hubiera sido una rutina de tarde entre semana (merienda, deberes y alguna actividad extraescolar puntual), para Aitana consistía en estudiar, merendar y hasta cenar en un autobús cada día. O lo que es lo mismo: sacrificio, sacrificio y más sacrificio por aquello que más le gustaba. Afortunadamente, años después la rutina cambió gracias al fichaje de tres compañeras que vivían cerca, y los padres de las chicas pudieron organizarse para llevarlas en coche.

Ese fue el inicio del camino de Aitana como jugadora del Barça, que fue cosechando éxitos tales como la Liga, la Champions, la Copa de la Reina o la Supercopa de España. Sin embargo, aunque tanto título siempre queda bien en un palmarés, detrás se esconde la autoexigencia que comentábamos anteriormente y, con ella, por desgracia, también la frustración. Como dice la propia Aitana: «La línea entre el éxito y el fracaso es muy fina, no me permito fallar». El problema es que los planes no siempre se cumplen cuando se trata de fútbol, y prueba de ello fue el Mundial sub-20. En la semifinal entre España y Francia, y gracias al resultado favorable de las españolas, Aitana tocaba la final con la yema de los dedos cuando, en el minuto 68, recibió una expulsión por doble amarilla que le impediría jugar en la final. De golpe, aquel sueño terminaba para ella, y su gesto llevándose la camiseta a la cara y sentándose en el campo a llorar desconsoladamente llegó al corazón de todos los que siguieron esa semifinal. Ni siquiera sus compañeras, que la mantearon cuando se pitó el final del encuentro, pudieron eliminar el sabor amargo de aquella clasificación. Antes del partido definitivo contra Japón, publicó un texto donde decía que sentía una mezcla de felicidad, frustración, orgullo y rabia, porque la privaban de lo que más deseaba en ese momento, pero no le quedaba otra que aceptarlo con resignación. Después de eso, el mal sabor de boca se alargó porque el equipo perdió esa final.

Aquella no fue la única lección que el fútbol le enseñó a Aitana. En una de las concentraciones de la selección española en Zúrich, después del Mundial de 2023, pude hablar con una de sus excompañeras en el Barça: Ana-Maria Crnogorčević. Me contaba que tenía una imagen grabada en la cabeza de Aitana en la final de la Supercopa de España de 2020.

La sentaron en el banquillo y no jugó desde el inicio, y ella estaba completamente desesperada porque quería jugar. Yo le dije: «Aitana, tranquila, tira de paciencia, porque en dos o tres años llegarás a lo que aspiras a ser ahora mismo, pero no puedes conseguirlo todo ahora».

La jugadora de Suiza me hizo prometerle que, después de esa charla, le recordaría a Aitana el momento en cuanto la viera. Unas semanas después cumplí con mi palabra y le pregunté si se acordaba de ese instante y de la compañera que había pronunciado esas palabras.

—¿Vicky Losada o Melanie Serrano? —preguntó Aitana.

—No —le respondí—, Ana-Maria Crnogorčević.

Se sorprendió, no solo porque se había equivocado de nombre y había pensado en otras dos jugadoras que siempre le habían dado muchos consejos, sino porque no se acordaba del momento exacto. Entonces yo le dije:

—¿Sabes que me ha dicho que has cambiado mucho en estos años? Antes lo querías todo y lo querías... ya.

—Pues tiene mucha razón —respondió—, porque antes era muy impaciente, no entendía las cosas, no quería ser suplente y... siempre quería jugar. Con los años he aprendido también a gestionar todos estos momentos de frustración. Y, obviamente, mejor haber cambiado.

Esa evolución pasa por haber sabido escuchar las recomendaciones de las veteranas, que, como decía Aitana, «siempre marcan y mucho, porque tú estás empezando y quieres apuntar y aplicar lo que te dicen las que tienen más experiencia». Y crecer también es ser consciente de lo que tienes, pero sabiendo analizar lo que te falta: esa paciencia que le pedía Crnogorčević a Aitana y no perder el foco del objetivo real. Un auténtico éxito para ella es que, después de todo, haya logrado estar en un campo de fútbol con la mente libre de pensamientos negativos para centrarse en fluir, mejorar y, sobre todo, disfrutar. Y, aunque estando en Nueva Zelanda alguien le insinuaba que todo ese aprendizaje sumado a su talento innato podía llevarla a ganar el Balón de Oro (a ella le cambiaba la cara porque no le gusta nada hablar de reconocimientos individuales), la vida la recompensó con doble premio. El primero, cambiar la final desde la grada del Mundial sub-20 por un Mundial absoluto ganado (y siendo MVP del torneo, siglas de *most valuable player,* 'jugadora mejor valorada'). Y el segundo, ese galardón individual en forma de Balón de Oro, que no deja de ser un resumen de la Aitana peleona que con siete años tenía claro lo que quería, la que renunció a las tardes de merienda y serie infantil para poder entrenar cada día sin importarle llegar a casa a medianoche, la que ha aprendido que la cabeza muchas veces tiene que soportar mucho (pero nunca demasiado), la que defiende a capa y espada la lucha por los derechos de la mujer y la consciencia social que le han transmitido sus padres desde pequeña, la que escuchaba la canción *Está x venir* de Farga cuando estaba llegando al estadio los días de partido del Mundial o la que sus compañeras definen como «una jugadora con chispa en el campo y con mil consejos de persona sabia fuera de él». Pero, sobre todo, ese Balón de Oro significa que una niña que tenía a Xavi Hernández y Andrés Iniesta como modelos (porque no había ninguna mujer en la que poder fijarse) ha acabado formando parte de una nueva generación de referentes. Y es que, con o sin reconocimientos individuales y después de toda una vida por y para el fútbol, Aitana Bonmatí Conca se ha dado cuenta de que ha merecido la pena persistir y tener esa resiliencia que la caracteriza a la hora de superar los momentos difíciles y seguir luchando para conseguir sus propios objetivos.

7

IRENE GUERRERO

La fuerza de los tuyos

Fecha y lugar de nacimiento	12 de diciembre de 1996, Sevilla
Posición	Centrocampista
Equipo actual	Manchester United

Cuando hablamos de referentes, a menudo pensamos de inmediato en personas famosas, mundialmente reconocidas en la actividad a la que se dedican. Muchas veces, sin embargo, esas personas en quienes queremos vernos reflejados están muy cerquita de nosotros, quizás tanto que en algún momento hemos vivido bajo el mismo techo.

Para Irene Guerrero no existe un mayor espejo que el de sus padres. Es de ellos de quienes ha recibido las mayores lecciones de vida. Ana Sanmartín y Jesús Guerrero han sido su ejemplo de superación desde que nació. Jesús, su padre, contrajo polio a los dos años, pero eso no le impidió ser campeón nacional de natación en los 50 metros espalda, ganar la plata en braza y el bronce en estilo libre y, además, representar a España en los Juegos Paralímpicos de Arnhem (Países Bajos) en 1980 con el equipo de baloncesto en silla de ruedas. Desde pequeñita, Irene los ha visto a ambos jugar al baloncesto en silla de ruedas y ha tenido en casa la viva imagen de que los límites nos los ponemos nosotros mismos. Ellos le inculcaron el amor por el deporte y le enseñaron una serie de lecciones que han estado presentes siempre a lo largo de su andadura profesional.

Esa andadura tuvo su inicio en la natación, a la que Ana apuntó a su hija con toda la buena intención del mundo. «No me gustaba, por más que me metiera en la piscina, nada», me contó Irene recordando esos días. Luego le llegó el turno a la gimnasia acrobática y tampoco.

A mí lo de saltar, andar para arriba y para abajo haciendo la cabra loca, hacer el pino y esas cosas que te gusta hacer cuando eres niño, sí. Pero dedicarme a ello no me llenaba nada.

Y, en el abanico de cosas a las que les dieron una oportunidad para que ella estuviera entretenida, llegó el turno de las sevillanas.

Yo me veía con mis zapatitos blancos de tacón y mi faldita negra larga, la mano para arriba y para abajo, tocar las castañuelas y esas cosas, y vamos... Además, yo recuerdo que donde dábamos las clases había una cristalera que daba a un campo de fútbol y yo pensaba: «¿Qué haces bailando si tú lo que quieres es estar allí?».

¿Qué crees que pasó? Te voy a dar cuatro opciones:

1. Compaginó las sevillanas con el fútbol.
2. Siguió con las clases, porque se acostumbró a los zapatos blancos y la falda negra.
3. Se escapó de las clases para ir al campo de fútbol.
4. Se escapó de las clases para ir al campo de fútbol... contando con la complicidad de su profesora.

Pues tengo que decirte que la respuesta correcta es la **4**, aunque supongo que llegó un momento en el que hasta la profesora se dio cuenta de que lo de Irene no eran las sevillanas, y le tocó informar a sus padres de lo que estaba pasando. «Siendo tan pequeña jamás pensé que la profesora diría nada». Pero, claro, cómo no iba a contárselo a su madre si cuando iba a recogerla Irene estaba llena de albero. Supongo que, después de poner más de una lavadora para que todo quedara impoluto, decidió que lo más sensato era desapuntarla de la academia de baile.

Cuando no estaba en natación ni en gimnasia ni en sevillanas es cuando podía irme con el balón a ver a *mi hermano entrenar. Yo me quedaba en los campos de al lado y regateaba sola, chutaba a portería y a veces venía algún amigo a jugar conmigo. No me hacía falta más. Muchas veces yo era la que llevaba las botellas de agua de mi hermano, como si fuera su utillera, pero cualquier excusa era buena, porque yo lo que quería era estar allí.*

A sus padres les costó apuntarla a fútbol porque por aquel entonces no era lo más habitual entre las niñas. «Yo creo que lo hacían por el miedo a si me decían algún comentario feo, pero se dieron cuenta de que lo que me divertía de verdad era el fútbol.» Este deporte llegó por fin a su vida para quedarse una noche cualquiera en un bar de Sevilla cuando ella tenía siete años. Eran las once y media de la noche cuando sonó el teléfono en casa de Irene. Ella estaba lista para irse a dormir porque tenía clase al día siguiente, pero su padre, al otro lado de la línea, tenía otros planes para ella. Estaba con unos amigos en el bar y se había encontrado con alguien que quería conocer a su hija. «Bichito, baja al bar», le dijo y, aunque ella se mostró reacia, acabó cediendo ante la insistencia de él. Lo encontró con unos amigos y con Rafa Gordillo (exjugador histórico del Betis).

—Buenas noches, soy Rafa Gordillo —se presentó él.

—Buenas noches, y yo soy Irene Guerrero —respondió ella con descaro mientras le estrechaba la mano.

Todo el mundo empezó a reírse por la adorable sinvergonzonería de esa Irene menudita que no era consciente de quién era en realidad Rafa Gordillo. Rafa acababa de ofrecerle a su padre que la llevaran a su escuela de fútbol. Y así lo hicieron. El primer día, Irene estaba nerviosísima y apenas pudo salir del coche porque no sabía cómo encajaría allí, pero lo hizo y aquel gesto dio comienzo a su andadura en el fútbol.

No había equipos de niñas apenas y yo empecé jugando en distritos. El problema era que entrenaba, entrenaba y entrenaba, pero no había partido, porque la competición era para los federados. Yo recuerdo que Gordillo organizaba un campeonato en el campo los días en los que no había liga regular y llamaban a otros equipos como el nuestro. A veces éramos nosotros los que nos teníamos que pegar unos viajes larguísimos desde Sevilla hasta donde fuera para asistir a estos minitorneos, porque, si no, no podíamos jugar ningún partido.

¿Y sabes qué se escuchaba en el coche de Irene durante esos trayectos? Como estoy juguetona, voy a volver a darte varias opciones:

1. Lola Flores.
2. Joan Manuel Serrat.
3. Madonna.

4. La Oreja de Van Gogh.
5. Raphael.

La respuesta correcta es..., redoble de tambores..., ¡la **2**, Joan Manuel Serrat!

Los discos no eran ni discos, eran casetes y teníamos que darle la vuelta a la cinta cuando terminaban. Las canciones eran superantiguas y las que más escuchábamos eran las de Serrat. A mi padre le encantaba por la canción de *Mediterráneo*. Quizás nos estábamos muriendo de calor en verano, dentro del coche, a 40 °C, pero era sonar eso y mi padre decía: «¡Ay, Joan Manuel Serrat!». La verdad es que en el coche pasaba muy buenos momentos. Entre semana era mi madre la que no faltaba a un entrenamiento y los fines de semana muchas veces me llevaba mi padre porque no trabajaba. Teníamos ese momento de conversar y que él me preguntara: «¿Qué tal el partido? ¿Te lo has pasado bien?». Lo recuerdo como algo muy bonito.

Como entrañables eran los momentos en los que, cuando jugaba, ella miraba a la grada y él le decía: «Vamos», «Tranquila» o «Disfruta». Esas palabras y verlo allí animándola era como medicina para Irene. En esa época jugó en el Híspalis, y después en el Azahar, hasta que, cuando tenía catorce años, llegó el día en el que tuvo «una conversación seria» con su padre.

Mira, mis padres siempre me han dicho que, haga lo que haga, sea feliz. Lo que yo quiera, pero que sea algo que disfrute y me apasione. No jugaba en ningún equipo potente, pero con catorce años le dije a mi padre: «Papá, tenemos que tener una conversación». A él le hizo gracia que con esa edad me pusiera tan seria, pero nos fuimos al bar. No sé por qué, pero no quería tenerla en casa, y allí le dije que quería dar el paso de irme al Sevilla F. C., que por aquel entonces era el club con el equipo femenino más puntero. Él me dijo: «Mi bichito se está haciendo mujer».

Para ella fue un cambio muy grande, porque el fútbol pasaba de ser un *hobby* a empezar a perfilarse como una profesión. Su padre empatizó con ella, estuvo de acuerdo y le dijo que la apoyaría hasta el final. Cuenta la leyenda que, cuando entrenaba con el club sevillista, su abuela le bordó un escudo del Betis que tenía un velcro y, cuando iba a entrenar, lo llevaba escondido. ¿Será cierta? Yo solo te diré que Irene iba a la guardería con la camiseta de su Betis y con un balón, así que puedes sacar tus propias conclusiones. Por eso, un año después de empezar en el Sevilla, llegó una llamada (otra más en la vida de Irene) que podía cambiarle la vida. Tenía que elegir: debutar en primera división con el Sevilla con quince años o empezar de cero con un equipo que acababa de nacer: el Real Betis Féminas. ¿Cómo iba a existir ese conjunto y se iba a quedar fuera de él? ¿Estamos locos? Ella lo que quería era formar parte de la historia bética y conseguir llevar el equipo a primera.

En ese momento fue difícil porque me habían tratado muy bien en el Sevilla, me habían dado mi lugar y era complicado irme de un sitio en el que me sentía bien. Pero yo sabía que me encaminaba hacia el lugar al que pertenecía mi corazón. Además, las entrenadoras iban a ser María Pry y Ana Llamas, que eran las que habían estado conmigo allí, me habían sacado mucho rendimiento y me habían hecho mejorar.

Fue la decisión acertada, pues Irene no solo cumplió el objetivo de subir el equipo a primera, sino que vivió uno de los días más bonitos que recuerda: el día en que jugó en el Benito Villamarín.

Para mí fue un sueño cumplido. Estaba acostumbrada a ser yo la que estaba sentada en el asiento del campo animando a mi equipo y ese día fue todo lo contrario: yo era la protagonista y estaba defendiendo mis colores. Además, vivimos un momento muy bonito antes del partido. María Pry nos dijo que en un día tan especial no podía faltar el apoyo de aquellas personas que nos han acompañado desde pequeñas y abrieron una puerta y empezaron a entrar nuestros padres, madres, abuelos, hermanos... No sabía que en un vestuario podían caber tantas personas. Fue una experiencia increíble. Mira que yo odio llorar en público, no me gusta nada exteriorizarlo, pero ese día fue inevitable. Cuando vi a mi familia allí, se me removió todo, porque pensé: «Esto también es vuestro». Ellos no dejaron que perdonara un entrenamiento, me cuidaron, me apoyaron, han estado ahí, aunque lloviera o nevara, pese a las sillas de ruedas, se iban con otros padres en una furgoneta las horas que hiciera falta para verme en directo.

La vida quiso que unos años después se volviera a repetir una situación similar, pero en el Mundial. No fue en el Benito Villamarín sino en el estadio de Sídney, en Australia, aunque aquel día hubo una gran ausencia: la de su padre. En noviembre de 2019, Jesús Guerrero falleció a causa de un cáncer mientras Irene estaba concentrada en Las Rozas con la selección española, preparada para viajar a Polonia. Ese fue un punto de inflexión en su vida, porque se le había ido una de las piezas clave del engranaje. Ese mismo día ya demostró entereza al quedarse junto a sus compañeras y no abandonar la concentración, porque el deseo de su padre había sido que se quedara para perseguir su sueño. Aquella desgracia hizo que la perspectiva de Irene cambiara y, a partir de entonces, empezó a tomarse la vida con otra filosofía. La primera lección: disfrutar del momento y no pensar en lo que vendrá mañana; centrarse en lo que está pasando ahora, que no dura para siempre.

Aunque su padre no estaba físicamente en Australia, Irene lo llevaba en el corazón, y sigue haciéndolo. Él es la razón por la que se levanta cada día y persigue sus sueños en el mundo del fútbol. Todos los goles y todas las alegrías que ha vivido en este deporte son para él. El 20 de agosto de 2023, durante la charla previa a la final del Mundial y en el momento de máxima concentración (y también nervios, por qué no decirlo), descorrieron una cortina negra que estaba en la sala donde se encontraban y... ¡sorpresa! Allí estaban, con pancartas y banderas, todos los familiares de las jugadoras que ya se encontraban en Australia, pero no solo ellos: también los que no habían podido hacerlo hasta ese momento y habían venido en un vuelo chárter desde España para apoyarlas antes de aquel partido histórico.

La idea era verlos después de la final, porque nunca vemos a nadie antes del encuentro. Fueron un par de minutos, tampoco nos dio para mucho porque debíamos irnos, pero tuvimos ese momento de subida de adrenalina donde pensamos: «Esto no se nos escapa». Todo el mundo lo estaba dando todo para que pasara algo grande y ese instante nos dio el empujón para pensar: «Esto se tiene que dar muy muy muy muy mal para que hoy no ganemos el Mundial».

Y vaya si lo hicieron.

Recuerdo los últimos segundos del partido girándome y mirando para atrás, porque mi hermano y mi pareja estaban ubicados justo detrás del banquillo. Mi madre y mi hermana estaban más arriba, por el tema de la silla de ruedas, y no las tenía localizadas. Yo pensaba: «Venga, va, que ya hemos ganado, que pite el final ya» y, cuando lo hizo, sentí el instinto de correr a celebrarlo donde estaba Cata. Cuando pasó todo el momento de celebración fui directa hacia donde estaban mi hermano y mi pareja, los abracé, lo celebramos e inmediatamente pregunté por mi madre y mi hermana. Fue como buscar a Wally, con otros familiares intentando ayudarme. Unos me decían que las habían colocado en el fondo de arriba del todo por la silla de ruedas, otros decían que no las habían visto y al final pudieron llegar hasta el campo. En el momento en el que vi a mi hermana venir con mi madre pensé: «Ya lo tengo todo. Tengo a mis personas importantes aquí, juntas, conmigo».

Todo había valido la pena, incluso dejar a su familia atrás para lograr sus sueños. No solo lo había conseguido gracias a su buen robo de balón, a su visión de juego, a saber intervenir en el momento adecuado para dar oxígeno a su equipo o a liderar la medular. La clave de Irene reside en sus valores, esos que sus padres le han transmitido desde pequeñita y que han hecho que se erija como una autoridad dentro del vestuario, a quien no le pesa el brazalete de capitana y que habla con la voz de la sabiduría y la madurez. Algo que ha desarrollado con un trabajo silencioso pero eficaz, sabiendo que el fútbol es incertidumbre y que a veces es necesario tener herramientas para saber llevar a cabo el papel que te toca, sea principal o secundario. Por eso a Irene le gusta escribir para anticiparse a cualquier situación que pueda ocurrir, así que durante el Mundial se convirtió en uno de sus hábitos esenciales. Formula mil escenarios. ¿Qué tiene que hacer para dar su mejor versión? ¿Qué le ayuda a tener confianza en sí misma? Si entra en el segundo tiempo, ¿qué puede aportar? Si no juega, ¿cómo puede ayudar al equipo?

Irene es una persona más que generosa. Ha demostrado ser el hombro en el que llorar para muchas compañeras, siempre con palabras de cariño y el mejor de los consejos para regalar a quien más los necesita. A mí me dijeron una vez que para ser buena periodista se tenía que ser, ante todo, buena persona. Si lo aplicamos al mundo del fútbol, Irene lo tiene todo ganado.

¡CAMPEO

¡VAMOS!
A ¡GANAR!

8

MARIONA CALDENTEY

La sonrisa del Mundial

Fecha y lugar de nacimiento	19 de marzo de 1996, Felanitx (Mallorca)
Posición	Delantera
Equipo actual	F. C. Barcelona

Cuando tienes el privilegio de cubrir en persona algo tan histórico como un Mundial que además acaba ganando España, pasan los meses y hay imágenes que siguen grabadas en tu mente. Una de las que recordaré siempre tiene como protagonista a Mariona Caldentey. Yo estaba en la zona mixta del estadio Eden Park de Auckland, en Nueva Zelanda, y España acababa de sellar su pase a octavos de final después de golear a Zambia por 5-0. Las jugadoras empezaron a pasar por allí para ser entrevistadas, yo aguardaba con el micrófono en mano para cuando llegara mi turno y la sonrisa de una de ellas me llamó la atención por encima de las del resto: la de Mariona. Saludó a otras compañeras, habló con las chicas de prensa de la Real Federación Española de Fútbol y, conforme se acercaba a mi posición, vi que llevaba algo en la mano derecha. Abrí los ojos de par en par porque... ¡era un libro! ¿De dónde había salido? Eso tenía que preguntárselo mientras yo estaba en directo:

—A ver, Mariona, porque no entiendo nada ahora mismo. Has celebrado la victoria con tus compañeras, vienes directa del campo y... ¡llevas un libro encima! ¿Cuándo ha aparecido esto? ¿Cómo? ¿Dónde? Cuéntame un poco, porque estoy alucinando.

—Bueno, pues... no he parado de leer estos días, la verdad. Me había traído una trilogía y pensaba que tres libros iban a ser suficientes para todo el Mundial, pero vi que no. Le escribí un mensaje a mi hermano y le dije: «Oye, tráeme el cuarto, porque ya no tengo más», y mi hermano ha cumplido. La verdad es que ha sido mi madre la que me lo ha dado, así que estoy superfeliz aquí, con mi nuevo libro.

—Pero... ¿han pitado el final del partido y tú te has ido directamente a la grada a por él?

—Sí, claro, porque mañana tenemos que volar de vuelta a Palmerston North y ya no tenía nada que leer durante el vuelo.

—Es que, claro, yo te he visto y sigo viéndote supersonriente y ya no sé si es por la victoria o por lo del libro.

—Hombre..., ¡por los dos! Pero la victoria ayuda, porque además hemos metido cinco goles y estamos en octavos de final.

Días después, cuando se clasificaron para las semifinales, le dije que esperaba que tuviera refuerzos para que le suministraran más libros. «Estoy salvada porque fui previsora y a los de casa les dije que, si se alargaba, cargaran con más libros, así que estoy tranquila.» Yo le comenté los que llevaba en la maleta por si quería ampliar el abanico de opciones, aunque creo que, en ese tramo final de Mundial..., ninguna de las dos tuvo mucho tiempo para leer.

Una vez empezada la temporada de liga regular post-Mundial, fui a la Ciudad Deportiva del Barça y pude hablar con Mariona. Lo primero que le recordé fue esa anécdota, porque, cuando descubro que alguien es lector habitual, automáticamente me siento unida a esa persona. Me contó que lo de leer en su caso va un poco por épocas, porque hay momentos en los que le apetece más centrarse en alguna serie o, directamente, no tiene tiempo ni para una cosa ni para otra, pero que, cuando se trata de concentraciones con la selección española o durante las vacaciones de verano, siempre acaba encontrando su pequeño espacio lector. Es algo que le encanta y la tranquiliza, y cuando tiene la suerte de dar con un libro que de verdad la enganche todavía le gusta más. «Normalmente leo libros sobre crímenes, investigación, *thrillers...*, cosas así, que tengan un poco de intriga.» Entendí que durante el Mundial tuviera tiempo para leer, porque en esa fase tan inicial todavía estábamos en Palmerston North, la ciudad neozelandesa donde ellas (y nosotros) establecimos nuestro campo base. Más allá de ver el Museo Neozelandés de Rugby, pasear al lado del río Manawatu, cruzar el puente maorí He Ara Kotahi o ver el reloj del centro de la ciudad, no había muchas más opciones de ocio. O eso pensaba yo.

¿Sabes qué es el BrändiDog? En caso afirmativo: bravo, conoces un juego de culto en Suiza. De no ser así: no sufras, yo tampoco lo conocía hasta que Mariona me habló de él. El máximo de jugadores es de seis, pero, como las campeonas del mundo son más previsoras de lo que pensaba, ellas tenían tres o cuatro BrändiDog distintos, por lo que podían jugarse varias partidas simultáneamente. Mariona lo define como una especie de parchís, solo que más complejo: tú tienes tus propias fichas y las tienes que llevar hasta tu casa, pero jugando en pareja y sin poder hablar con ella. ¿Y quién le había enseñado ese juego ya no solo a Mariona, sino también al resto de jugadoras del Barça? Alguien de quien ya hemos hablado con anterioridad: Ana-Maria Crnogorčević. Hacia el final de la estancia en Nueva Zelanda, la selección casi al completo había aprendido a jugar, pero te seré sincera: a mí lo que me interesaba era quién ganaba (o perdía) siempre, así que, cuando se lo pregunté a Mariona, ella rio y me dijo:

Mira, la que no solía ganar nunca, fuera con quien fuera de pareja..., era la Codi [Laia Codina]. A Ale [Alexia] y a mí se nos daba bastante bien, pero también es cierto que éramos de las que más habíamos jugado, porque yo lo tengo en casa y he jugado con mi madre y hasta con mi abuela en Navidades, pero Codi, pobre, no ganaba nunca.

En ese momento, cuando hizo referencia a su abuela, supe que teníamos que hacer un viaje al pasado.

Los primeros recuerdos de Mariona jugando al fútbol tienen a sus primos y su hermano Miquel como protagonistas y las calles de Felanitx, en Mallorca, como escenario de sus partidos improvisados. Ella se lleva cuatro años con Miquel, pero ya desde pequeños se dieron cuenta de lo parecidos que eran en ciertas cosas, empezando por los *hobbies*.

Tenemos una relación bastante estrecha y lo que yo he visto de él seguramente me ha influenciado mucho, porque lo he terminado haciendo. De pequeños pasábamos horas jugando al fútbol, baloncesto, tenis de mesa..., siempre algo relacionado con el deporte, porque de mayores también nos ha unido el pádel. Es superactivo, le encanta ir a la montaña y hacer excursiones, y yo soy igual en este sentido.

Y, aparte de Miquel, su otra gran influencia en el mundo del fútbol fue su padre. Miquel Àngel Caldentey, conocido como Morete en las islas Baleares, fue durante varios años el presidente del C. E. Felanitx, entrenador de varios equipos, uno de los impulsores de la Penya Barcelonista Els Tamarells y, lo más importante, el nexo de unión entre el fútbol y su hija.

Obviamente, mi padre fue una de mis grandes influencias. De hecho, en casa siempre se han visto todos los partidos, así que podrían haber pasado dos cosas: que acabara aburriendo el fútbol de tanto que lo veíamos o que yo tuviera el mismo sentimiento que él.

Vaya si lo tuvo. Para Miquel Àngel no supuso ningún sacrificio ir desde Felanitx hasta Palma tres veces por semana para que Mariona pudiera entrenar cuando ella estaba en el C. E. Cide. De hecho, llegaban a casa cerca de la medianoche, a pesar de que ella fuera al colegio al día siguiente y tuviera que cumplir con sus obligaciones. Aunque en algún momento de su vida Mariona jugaba al tenis, entrenaba con el equipo de fútbol 7 y con el de fútbol sala, siempre encontraba tiempo para seguir compartiendo la pasión por el esférico con su padre.

Hasta que llegó noviembre de 2018, cuando las cosas cambiaron drásticamente para todos. Una noticia tan triste como inesperada sacudió al fútbol balear y, especialmente, a la familia de Mariona. Su padre fallecía de forma repentina a los 55 años, sumiendo a toda la familia en la pena y dejando a Mariona sin su principal apoyo en el mundo que ambos amaban. Atrás quedaban los paseos con el objetivo de encontrar leña para encender la chimenea, las barbacoas que preparaba con cariño para toda la familia (porque la casa de Mariona era el centro neurálgico de los eventos familiares) y el amor que sentía por el Barça y del que toda la familia acabó contagiándose. Dejó un vacío en todos los que le querían, aunque pudo disfrutar del premio al esfuerzo para que Mariona practicara el deporte que más le gustaba: ver a su hija vistiendo los colores del club de su vida. «Cuando una persona se va sin decir adiós, es muy triste, pero por suerte tuve y sigo teniendo unas compañeras maravillosas que se preocuparon por mí.» En estos momentos es cuando más te das cuenta de la importancia de tener un refugio, aunque estés lejos de casa.

Porque precisamente eso es lo que tuvo que hacer, a pesar del duro momento que estaba atravesando: irse para poder perseguir su sueño.

Quería quedarme en casa, pero también tenía en mente estudiar Ciencias de la Actividad Física y del Deporte (CAFE) y en Mallorca no existía la posibilidad. Pero... en Barcelona sí, así que aproveché para fichar.

Pese a que el club imponía mucho y que irse de casa no fue fácil, Mariona hizo las maletas y empezó una nueva vida. «Por suerte había compañeras con las que había coincidido en categorías inferiores de la selección que me hicieron la vida más fácil.» Lo que pasa muchas veces es que, por muy cerca o muy lejos que te vayas, *casa* sigue siendo *casa.* Para ella, un sinónimo de hogar que inconscientemente buscaba allá donde iba es el piano. «Siempre que veo uno me recuerda a mi familia y me entran ganas de tocarlo, aunque... no sé mucho, ¿eh?» Yo no puedo juzgarla porque no he visto ningún concierto en directo, pero su abuela, sí.

«En el colegio hacíamos horario de 9 a 12 y de 15 a 17, así que al mediodía nos íbamos a casa de mi abuela con mis primos. Había días en los que ella tocaba y yo solo miraba, pero luego empezaba a copiarla.» Mariona no recuerda si eso ocurría cada día o si dependía de la «inspiración» que sintiera esa jornada, pero tiene la certeza de que, aunque en ese momento pensaba que nadie le prestaba atención, su abuela escuchaba atentamente cada nota mientras preparaba la comida en la cocina.

Era muy fuerte, porque solo de oídas y sin saber el qué, ella detectaba perfectamente cuándo me equivocaba, si tenía que cambiar o si debía mejorar en algo en concreto.

Y es que su abuela no se dedicaba profesionalmente al piano, pero había estudiado música durante años. Sin pretenderlo (o quizás sí), plantó la semilla de la creatividad y la sensibilidad musical en su nieta. Ese recuerdo está guardado en el corazón de Mariona para siempre, pero también el resto de los momentos compartidos con toda la familia.

Celebramos muchísimas cosas, porque somos muy familiares, estamos cerca los unos de los otros..., hasta celebramos los santos y, en especial, santa María, porque hay muchas en la familia. Cuando mi abuelo vivía, también celebrábamos sant Rafel, porque para él también era un día especial.

Pero, más allá de eso, en su calendario de celebraciones hay dos épocas imprescindibles: las Navidades y la Pascua.

Aunque cuando hablamos de momentos que todo el mundo disfruta en familia, la Navidad es de los más típicos, el caso de la Pascua parece más particular, pero para Mariona es importante porque «es de los días más bonitos para vivir en Felanitx». Cada año, en el día de Pascua, Mariona y los suyos disfrutan de la celebración de la Encontrada. Se produce en la plaza de la iglesia sobre las ocho y media y es tradición que todas las familias del pueblo se reúnan, amenizadas por las melodías de la banda de música. Después los miembros de la familia de Mariona se van a desayunar juntos, luego se hace el *Ball dels Cavallets* ('Baile de los Caballitos') y de nuevo se reúnen para comer. Por la tarde, hacen fiesta con los grupos del pueblo, aunque «sin desfasarse, todo muy tradicional y para todas las edades», matizaba ella.

—Oye, pero... ¿tú eras de las que participaban en el *Ball dels Cavallets* o lo mirabas desde fuera?

—Pues, mira, cuando era pequeña, cuando tenía entre nueve y once años, participé, porque años atrás lo había hecho mi hermano, luego, mi primo y acabó tocándome a mí. Lo hice entre cuatro y cinco veces cada uno de esos años cuando en mi pueblo había algo que celebrar.

No es de extrañar que una de las cosas que más echó de menos Mariona cuando dejó su tierra para irse a Barcelona fueran esas reuniones familiares, como las fiestas navideñas. «Al principio me daba mucha más pena, ya no solo por los cumpleaños que me perdía, sino por días como la noche de Reyes.» De hecho, el primer y el segundo año de estar en el Barça, fue a Mallorca solo para pasar la noche del 5 de enero y volver al día siguiente. Vivir el encanto de una noche tan mágica con los suyos no entendía de esfuerzo o falta de sueño. Todo valía la pena por estar con su familia.

Me costó mucho aceptar que no podía estar en momentos así cuando había cosas importantes que celebrar, pero, al final, cuando pasa el tiempo, haces nuevas rutinas en tu nueva «casa» y aceptas que lo de antes ya no puedes hacerlo, y no pasa nada. Obviamente me da mucha pena cuando es el cumpleaños de mi abuela, de mi madre o de quién sea que quiero y yo no puedo estar, pero ellos lo entienden y lo respetan.

Y es que Mariona, como muchas otras de nuestras protagonistas, tuvo que renunciar a una parte importantísima de su vida para dedicarse al fútbol. Estas no son solo historias de éxito: también son historias de renuncias, de decir adiós, de penas y de glorias. Esperemos, sin embargo, que para todas hayan merecido la pena cada uno de los pequeños y grandes sacrificios. En su casa, Mariona dejó algo más que un autógrafo de Leo Messi que lleva en su habitación desde los trece años. Aquel premio en forma de firma lo consiguió el padre de un compañero que jugaba con ella y que trabajaba en el hotel donde el Barça se concentraba cuando estaba en Mallorca. También dejó alguna que otra foto con sus amigas de toda la vida. Tienen pocas juntas (algo que suele pasar), pero seguro que hay alguna de los viajes de fin de curso a Lisboa en cuarto de la ESO y a Ámsterdam en segundo de Bachillerato. De hecho, este fue el último, el de despedida, porque ella sabía que al año siguiente se iría de Mallorca. Tenía claro que quería ser profesora y quería hacer CAFE, aunque también le gustaba mucho la fisioterapia y se planteó hacer el doble grado CAFE-Fisio. Pero, claro, en Barcelona no existía esa opción. ¿Hacer el doble grado o jugar en el Barça? La respuesta la sabemos todos.

Tengo que decir que estuve mirando la opción de estudiar Educación Infantil, porque más allá del deporte me encantan los niños y la docencia. De momento, me he dado unos cuantos años de margen y lo he cambiado por estudiar inglés, hacer cursos o estar un poco más tranquila.

Lo que está claro es que Mariona eligió el fútbol por delante de todo, aunque las recaídas de las lesiones hicieran que a veces se cuestionase si había tomado la decisión correcta, si lo estaba haciendo bien o si podría seguir jugando. Ha llegado a ser una jugadora hábil con el balón, aportando en los últimos metros y a nivel de gol, mostrando inteligencia desde el punto de vista táctico y siendo un apoyo constante para sus compañeras. Un trabajo silencioso y desequilibrante sobre el césped, basado en la autoexigencia y vestido siempre con una sonrisa.

9

ESTHER GONZÁLEZ

Superarse para seguir creciendo

Fecha y lugar de nacimiento	8 de diciembre de 1992, Huéscar (Granada)
Posición	Delantera
Equipo actual	Gotham F. C.

Algo tienen las primeras veces, una especie de magia, que hace que se recuerden para siempre. Seguramente, porque dejan una huella en nuestro cerebro imposible de borrar y que se va fortaleciendo con el tiempo. De una manera u otra, nos marcan de por vida. Mi primera experiencia con la selección femenina fue en la Eurocopa de 2022 de Inglaterra. Antes de la competición, yo no había tenido la oportunidad de entrevistar a ninguna jugadora, porque la concentración se hacía en la Ciudad Deportiva de Las Rozas (Madrid) y yo estaba en Barcelona. Así, mi primera toma de contacto con ellas tuvo lugar directamente en el Bisham Abbey National Sports Centre (Inglaterra). Después de ver los quince minutos en abierto del entrenamiento de ese día, Poki, la jefa de prensa de la selección, nos acompañó hasta la zona donde teníamos que hacer las entrevistas. Había unas sillas muy cómodas en el exterior y el día era espléndido (parecía mentira, tratándose de tierras inglesas). Como hacía un sol radiante, decidieron que podríamos conversar con las jugadoras allí mismo, por lo que, de todo el espacio disponible, yo seleccioné las dos sillas que más me gustaron y las reservé para que ese fuera el lugar exacto en el que unos minutos después estaría con Esther González. ¿Cómo serían esas entrevistas con ellas? ¿La atmosfera sería agradable? Todo era muy nuevo para mí. Tenía varias conexiones en directo con Radio Nacional, así que fui alternando las crónicas en vivo con las tareas que tenía pendientes. Al cabo de un rato largo aparecieron las jugadoras, entre ellas, Esther. Poki nos presentó y enseguida me di cuenta de que sería una charla agradable, porque Esther, más allá de mostrarse muy simpática, parecía la clase de persona a la que le gusta la conversación. Ese día era el previo al partido inaugural de la Euro entre la anfitriona y la selección de Austria. Todos empezábamos a sentir ya ese cosquilleo típico de las horas previas a un debut. Esther estaba emocionada, me dijo que la adrenalina se había apoderado de ella y que no veía el momento de que «empezara la fiesta». Cuando acabó la entrevista, nos quedamos un rato hablando y tuvieron que venir a buscarla porque su día seguía y no podíamos alargarnos mucho más, pero me gustó esa cercanía y la agradecí. Culpo a Esther González de mis altas expectativas en cuanto a un ambiente amigable en las entrevistas. Lo que me sorprendió descubrir al cabo de un tiempo es que, años atrás, ella no era la chica aparentemente abierta que yo había conocido, sino que era una niña «terriblemente tímida».

Eso lo sabían muy bien los niños que querían jugar con ella cuando era pequeña. Le daba apuro apuntarse a un equipo de fútbol, aunque sus compañeros insistían y querían que se uniera porque necesitaban una delantera, y ya por aquel entonces se dieron cuenta de sus cualidades. Una cosa eran los partidos en el patio de la escuela, que era su zona de confort, pero pensar en algo más allá de eso la sobrepasaba. Al final, la insistencia dio sus frutos y Esther dejó atrás su timidez para apuntarse al equipo de su Huéscar natal (Granada). Quien tiene hambre de gol lo lleva en la sangre desde que nace, y allí ya empezó a demostrar facilidad para convertir las jugadas de peligro en dianas a favor de su equipo. Era la única niña que jugaba en una liga formada íntegramente por chicos y eso hizo que sus habilidades destacaran todavía más. Todo el mundo preguntaba quién era aquella chiquilla que mandaba los balones al fondo de la red con tanta garra. Para que te hagas una idea de su talento, he querido recuperar un artículo sobre ella que se publicó en el periódico local bajo el título «Nacida para ser futbolista»:

Esther comenzó a jugar al fútbol de manera oficial hace ya tres temporadas en la Escuela Municipal de Fútbol de Huéscar, hasta que este año cumplió la edad precisa para la categoría infantil y así pudo debutar en competición federada. [...] Solo quiere estudiar y jugar al fútbol. «Mi meta es jugar en el Real Madrid femenino, pasando antes por el Granada», decía Esther.

Por aquel entonces, el conjunto blanco femenino ni existía y Esther lideraba la tabla de clasificación junto con sus compañeros, con 9 victorias y 77 goles a favor, de los cuales ella había marcado 22. Pero algo cambió cuando la llamaron con la selección de Andalucía, porque, para empezar, ella no se había planteado que pudiera existir un equipo femenino. En un partido con la sub-16, ella y su familia conocieron a Adrián Conde, el entrenador del Algaidas. Le contaron que pronto cumpliría los quince años y que por edad no podría seguir con sus compañeros del Huéscar, una historia que se repite en muchísimas chicas. Con la selección andaluza ya deslumbraba a todos los que la veían sobre el terreno de juego y, ante la necesidad de buscarse otro equipo, Adrián le propuso entrar en el suyo. Problema: entre Villanueva de Algaidas y Huéscar había casi dos horas y media de distancia, lo que se traduce en casi 250 kilómetros de ida y 250 más de vuelta. Pero tal era la ilusión de Esther por el fútbol y tan clara tenía su meta que, aunque se complicara la logística en su casa, aceptó y fichó por el Algaidas, su primer equipo femenino, a los catorce años. Lo mejor de todo era que allí tenía varias amigas con las que había coincidido en el combinado andaluz, por lo que a sus padres no les quedó duda de que la decisión era la acertada. Por una hija, lo que fuera. Digo una, pero en total son cuatro hermanas, y todas comparten la pasión por el fútbol.

Tuvo que esperar hasta la segunda vuelta para poder debutar, porque cuando se incorporó todavía tenía catorce años, pero una vez que lo hizo, las teorías se confirmaron y todo el mundo vio que era muy buena. Prueba de ello era la increíble cantidad de goles que iban llegando de las botas de Esther y que la convirtieron en la máxima goleadora del conjunto. Para ahorrarse kilómetros y horas de coche, ella entrenaba con los niños algunas veces, cosa que sí que estaba permitida, y luego se quedaba el fin de semana en Málaga para jugar. Su liga se disputaba por toda Andalucía y Extremadura, porque estaba jugando en la segunda división nacional, así que a su padre a veces le tocaba dejar el coche en Málaga y, de allí, irse para Extremadura junto con el resto de la expedición, volver a Málaga de nuevo y, una vez culminada la jornada, hacer los 250 kilómetros de vuelta hasta Huéscar. Me he cansado de solo escribirlo, ahora imagina tener que hacerlo cada fin de semana. En otras ocasiones, Adrián Conde la recogía en Granada para facilitar el camino a su padre y, de paso, cuidar a ese diamante en bruto que había marcado hasta ocho goles en algunos de los encuentros. Pudo vivir en primera persona el crecimiento estratosférico y precoz de Esther, así como su primera llamada de la selección sub-17. Esa fue la primera ocasión en la que ella cogió un avión sola, y lo hizo para ir a la concentración de Madrid. El primero de muchos, sin duda, porque entonces llegó otra propuesta más: cambiar Huéscar por Valencia. Al otro lado de la línea la esperaba el Levante, con ganas de convertir su talento en el de una jugadora de primer nivel.

¿Pros? ¿Contras? Evidentemente había unos cuantos de los dos, porque tenía que dejar a sus tres hermanas y al resto de su familia en una casa que siempre estaba llena y en movimiento para, de golpe, cambiarlo por una experiencia en solitario. Pero, claro..., se trataba del fútbol, eso con lo que tanto soñaba, y ella era una persona exigente (y sigue siéndolo) en busca de más, y más, y más. Quería aprender y quería crecer, y eso pasaba por empezar a renunciar a algunas cosas. La decisión estaba tomada: el Levante sería su próximo equipo. Los primeros meses fueron una mezcla de emoción, por debutar en la élite con dieciséis años, y tristeza cada vez que sus padres iban a verla a Valencia y tenían que volver a casa. Lloró muchas veces detrás de la puerta cuando oía cómo se alejaban sus pasos, pero su plan era ser futbolista, y lo llevaría a cabo sin importar los sacrificios que tuviera que hacer. Y pese a que le ponía todo el corazón a su objetivo principal, cuando terminó el instituto, decidió estudiar Fisioterapia, para tener una segunda opción en el caso de que fallara la primera. Según fueron pasando los años, sin embargo, esa primera opción se volvía más y más real, porque a lo largo de esa época fue pasando de tener los entrenamientos a última hora del día después de estudiar a poder levantarse y empezar la jornada pensando en fútbol y focalizándose en su objetivo diario. El fútbol se convirtió en su prioridad absoluta no solo en el Levante, sino en el Atlético Málaga, el Sporting de Huelva, el Atlético de Madrid, el Levante de nuevo, hasta terminar en el equipo al que años atrás ya había dicho que quería pertenecer: el Real Madrid.

A muchas les costaba contrarrestar a la «lagartija escurridiza», según sus compañeras, en la que se había convertido. Pararla era un reto para cualquiera, y más aún teniendo en cuenta que la más crítica con lo que hace es ella misma. Tiene garra, su mente siempre está en la portería y en querer marcar y durante los últimos años se ha vuelto increíblemente rápida y fuerte, lo que la convierte en una delantera muy efectiva. Recuerdo que estando en el Mundial le pregunté a sus compañeras por ella y me decían: «Ay, Esther... es un incordio si la tienes de rival, pero cuando forma parte de tu equipo es una maravilla, no solo en el terreno de juego, sino fuera de él, como compañera. Es tan autoexigente que lo contagia al resto». Las que la han sufrido desde la portería añaden: «Con todo el cariño del mundo, pero es muy pesada. Cansa mucho tenerla delante, porque no se le acaba nunca la energía, está todo el rato corriendo y te agota mentalmente». En una de las concentraciones de la selección después del Mundial, recuerdo que me reí mucho cuando un grupito de jugadoras estaba de acuerdo en las cualidades de Esther y coincidían cuando una de ellas dijo: «Es que es horrible tenerla en contra, así con cara de mala leche. Pero es que luego la conoces y resulta que es una bellísima persona». No cabe duda, Esther, de que en realidad todo esto son piropos hacia ti, porque quieren decir que haces las cosas de diez cuando juegas. Aunque a veces todos nos encontramos situaciones que nos hacen pensar lo contrario.

El último tramo de la temporada 2022/2023 fue complicado para ella. Desde fuera, la sensación que tuvimos todos era que algo raro pasaba con el Real Madrid, porque era como si, de golpe, Esther hubiera quedado fuera de los planes del equipo. Pasó de ser indiscutible en el once titular a que no se contara con ella ni tan solo en los partidos decisivos de la Copa de la Reina. Durante el campeonato del mundo ya se sabía que Esther no seguiría en el Real Madrid y, aunque nosotros desconocíamos su próximo destino, lo más importante era que lo tuviera claro ella, y así era. Lo había dejado todo cerrado antes de la gran cita para irse al Mundial sin preocupaciones, con la cabeza puesta en el objetivo común: ganar el título. Recuerdo que, estando en Nueva Zelanda, le pregunté cómo andaba de ánimo. No es nada fácil estar preparándose para una gran cita internacional sin apenas haber tenido minutos (cuando estás en pleno ritmo de competición con tu club eso ayuda a que llegues en unas mejores condiciones). Me dijo:

¿Te soy sincera? Estoy supertranquila, porque los números hablan por sí solos. Hay muchísimas cosas que no dependen de mí. Lo que he vivido es muy injusto, porque además me hubiera encantado despedirme de la gente como merecía, pero la verdad es que me voy feliz y con la conciencia tranquila. Lo que dependía de mí, yo lo he hecho. Hace mucho tiempo que entendí que lo que no está en mis manos no tiene que afectarme.

Una prueba más de la madurez de Esther.

El Mundial fue un regalo para ella, porque, más allá del título, pudo debutar en una gran cita mundialista en el que ella creía que era «el momento perfecto». Además, lo hizo con un gol ante Costa Rica. Después de levantar el trofeo con sus compañeras, todos supimos que iba a cruzar el charco para incorporarse a las filas del Gotham, en Nueva Jersey (Estados Unidos). No sabéis la cara de ilusión que tenía el primer día que la vi después de haber empezado la temporada con su nuevo equipo. Me contaba contentísima que había sido una de las mejores decisiones de su vida. Gracias al cambio, se había dado cuenta de que siempre hay un margen de mejora en el que trabajar y que esa posibilidad de crecimiento y aprendizaje la motivaba a seguir esforzándose día a día. Creo que esto es muy importante, porque se comete el error de pensar que las jugadoras más veteranas ya no tienen margen de mejora y que lo que nos han mostrado hasta ahora es el máximo de lo que podemos ver de ellas. Pero Esther, que nació en el 1992, no solo sigue aprendiendo de táctica y técnica, sino que continúa poniéndose a prueba a nivel físico en una liga que también lo exige. Está disfrutando cada día y ha tenido la suerte de llegar «limpia y feliz» a su nuevo destino para poder absorber todo el conocimiento posible. La base la tiene, y ella sigue siendo esa Esther que sabe decidir cuándo ir a recibir, romper y aguantar, la que no se conforma con lo que tiene y siempre va buscando más, la que conserva el olfato goleador que ya mostraba en Huéscar. ¿La diferencia? Es como si le hubieran instalado una actualización de *software:* ha pasado de llegar al Gotham sintiéndose la más lenta del equipo a ser una de las piezas clave del conjunto en cuestión de meses. La vida del deportista va de eso, de siempre querer más, de ser ambicioso, de no perder nunca la inquietud y el deseo de mejorar y esforzarse para descubrir constantemente cuál es su mejor versión.

10
JENNI HERMOSO

De Carabanchel al mundo

Fecha y lugar de nacimiento	9 de mayo de 1990, Madrid
Posición	Centrocampista
Equipo actual	Club Tigres

Cuando comencé a escribir las primeras palabras de este capítulo, me encontraba en un avión, camino a una de las concentraciones de la selección española. Escuchaba música en Spotify con el modo aleatorio, por lo que iban sonando cantantes y grupos muy distintos que me amenizaban el viaje y, ya a punto de teclear el inicio, la canción que estaba escuchando terminó y empezó a sonar una melodía que me resultó familiar. Eran las primeras notas de *Cuando zarpa el amor* de Camela. Nunca escucho música de este grupo tan icónico, solo conozco las canciones míticas y no tenía ni idea de en qué momento se había descargado esa canción como para sonar en modo avión, pero pensé que era cosa del destino. Creo que no hay nadie a quien le guste más Camela que a Jenni, así que no tenía alternativa: tenía que dejarla sonar, a ver qué ideas me traían aquellas palabras. La canción en ese momento hablaba de que hacía ya un tiempo que el o la protagonista vivía sin otra persona, pero que seguía sin acostumbrarse y no podía mentir al respecto. Y, a pesar de haber acordado separarse, no podía seguir adelante. El «culpable» de la pasión de Jenni por Camela es su hermano Rafa. Le dejaba los auriculares de su *walkman* mientras sonaban las primeras cintas del grupo y le enseñó a ponerlas en su radiocasete de doble pletina para que pudiera grabarse cantando al mismo tiempo. De hecho, en su casa todavía deben de tener guardadas cintas de una pequeñísima Jenni entonando las canciones de Camela, aunque hay una que le gustaba especialmente. Ella la llamaba «la canción del tren», aunque se refería a *La estación del querer*. Años más tarde, cuando celebraron la conquista del Mundial en Madrid Río con toda la afición española, Jenni dijo entre risas: «Estoy aquí por vosotros, pero en parte también por ver a Camela», porque aquel día glorioso Ángeles Muñoz y Dioni salieron al escenario a cantar con las campeonas del mundo. Pero, claro, estoy empezando a contar esta historia por el final. Quizás sea mejor que me vaya a los inicios de Jenni Hermoso y, ¿por qué no?, viajemos hasta los años noventa y nos situemos en su querido barrio de Carabanchel.

Antes tengo que ponerte en contexto. Los integrantes del equipo de RTVE estábamos en Sídney, concretamente en el estadio Leichhardt Oval, esperando a Jenni Hermoso. Hacía sol, las jugadoras estaban especialmente contentas porque veníamos de pasar mucho frío en Nueva Zelanda y parecía que Australia nos daba tregua. Cuando llegó y se sentó, creo que ni ella ni nosotros esperábamos llorar durante los siguientes minutos, aunque, viniendo de ella, lo de emocionarse estaba a la orden del día. Ese día nos habló de sus raíces, que no se entienden sin mencionar Carabanchel.

Estoy superorgullosa de ser de barrio. Un amigo de cuando era pequeña me ha mandado una foto del parque que hay debajo de casa de mis abuelos, donde yo jugaba, y ha escrito «De Carabanchel al mundo».

Al ser de las más veteranas de la selección, a diferencia de sus compañeras más jóvenes, Jenni creció en una época donde las niñas todavía no tenían espacio en los equipos profesionales. Eso significaba una cosa clara: las niñas a las que les gustaba jugar lo hacían en la calle. Ahí, en las calles de Carabanchel, fue donde Jenni aprendió la técnica del fútbol. El balón nunca faltaba en la carta que año tras año mandaba a los Reyes Magos, y es que no podía entenderse a Jenni sin una pelota y viceversa. Sus padres y sus hermanos viven en Carabanchel desde siempre y, por lo tanto, ella se ha criado en un barrio humilde que ha forjado su carácter y ha hecho de ella una chica sencilla, trabajadora y con la ley del esfuerzo por bandera.

El primer culpable de contagiarle la fiebre del fútbol a Jenni fue su padre, que llevaba a los niños a los campos del barrio cuando ella era muy pequeña (casi bebé, podríamos decir) y, cuando el balón empezaba a rodar, Jenni se quedaba hipnotizada en sus brazos. Prácticamente aprendió a andar gracias a un balón, porque, como era más grande que ella, le daba seguridad. Se levantaba agarrándose a él y, si se caía, no pasaba nada, porque rebotaba contra la pelota y no se hacía daño.

Cuando la pequeña Jenni creció, también fueron apareciendo los primeros disgustos relacionados con el fútbol. Muchos días llegaba enfadada del colegio, a veces llorando, porque no le dejaban jugar a su deporte favorito en el recreo. Los niños no querían jugar con niñas. (Aquí voy a añadir algo: y menos con una que jugaba mejor que ellos, porque los dejaba en evidencia.) Le decían de todo y le quitaban el balón, así que optó por jugar sola en el portal de casa, golpeando la pelota contra la pared. Pasaron los días, las semanas y los meses, y algo empezó a cambiar. Sus compañeros, cada vez más sorprendidos por lo que iban viendo en ella, decidieron darle una oportunidad. Pero siempre con condiciones. Si era «demasiado buena» y dejaba a alguien sentado en el suelo después de un regate, volvían a impedirle jugar. Era una cuestión de orgullo herido. La consecuencia: Jenni tuvo que tragar frustración, mucha frustración. Los problemas eran continuos, hasta que un día llegó la gota que colmó el vaso. Estaba jugando al fútbol con los chicos del barrio, cuando uno de ellos dejó el balón en el suelo, fue directo hacia ella, le dio un cabezazo y le rompió la nariz. Jenni apenas tenía diez años, pertenecía al grupo que ganaba en las pachangas callejeras y el niño no pudo soportar que una chica jugara mejor que él. Pero si bien los inicios fueron muy duros, tuvo la suerte de contar con alguien que no solo la animaba incondicionalmente, sino que la comprendía y sabía lo que era ese deporte que tanto le gustaba: su abuelo, Antonio Hernández.

Antonio, uno de los principales responsables de alimentar la pasión que Jenni sentía por el balón, jugó de portero en el Atlético de Madrid. En aquellos años, el Calderón estaba prácticamente tocando el barrio de Carabanchel. Muchos de sus vecinos eran colchoneros y la familia de Jenni no era una excepción. Antonio la llevaba al parque y creo que acierto si digo que, si miramos el álbum de fotos familiar, aquellas en las que se ve a alguien jugando al fútbol las protagonizan Jenni y su abuelo. «Ha sido muy importante en mi vida, lo he dicho siempre y nunca me cansaré —dijo Jenni—. Ha sido un abuelo superorgulloso de su nieta y yo una nieta superorgullosa de su abuelo.» Entre lágrimas, consiguió añadir: «Ojalá que mis abuelos estén disfrutando desde allá arriba, porque sé que irían diciendo a todo el mundo que sí, que yo soy su nieta». Muchos domingos se iban a comer toda la familia junta al campo, y el menú siempre era el mismo: paellita y balón de fútbol. Él fue quien movió cielo y tierra y se encargó de buscar la forma de que Jenni lograra jugar, porque veía que era la ilusión de su nieta. Lo hacía en el parque de Comillas con un equipo de fútbol 7, y él intentaba no perderse ningún partido: «Estaba todos los días ahí viéndome. Mi abuela bajaba y siempre ponía velitas para que nunca me pasara nada». Su entrenador por aquel entonces descubrió que el Atlético de Madrid hacía pruebas para incorporar nuevos jugadores a sus filas y pensó que había llegado el momento de Jenni. Y no se equivocó: la aceptaron cuando tenía doce años. De un modo u otro, se cerraba el círculo que muchos años atrás había empezado su abuelo, colchonero como el que más. Jenni inició su andadura en el Atleti, pero estuvo dos temporadas sin competir porque por aquel entonces no había liga femenina: «Solo había entrenamientos, no teníamos liga y lo que hacíamos era entrenar, entrenar y entrenar». Hasta que, por fin, con apenas catorce años, pudo debutar vistiendo los mismos colores que su abuelo Antonio y, además, se estrenó con un gol.

El Calderón, el Manzanares..., siempre los voy a tener presentes. Toda mi infancia la viví en el Atlético de Madrid, la base que tengo y los valores me los han inculcado ellos. Además, allí viví uno de los momentos que nunca olvidaré, que fue cuando mi abuelo vino a verme al Calderón. Sentirme madrileña, el orgullo que tengo por mi ciudad y por todo lo que he vivido hace que me sienta muy feliz.

Cuando creyó que había culminado un ciclo en el club, que duró hasta que cumplió diecinueve años, nada más y nada menos, se fue al Rayo para luego dar paso a su primera experiencia internacional en Suecia, concretamente en el Tyresö. Allí coincidió con jugadoras de la talla de Vero Boquete, Marta Vieira da Silva o Caroline Seger. En España los equipos femeninos empezaban a crecer paulatinamente y en el país nórdico eran una potencia mundial. Prueba de ello es que consiguieran juntar en un mismo equipo a todas estas jugadoras. ¿Por qué querían a Jenni en ese momento? Tony Gustavsson, su entrenador por aquel entonces, lo tuvo claro: «Por sus múltiples cualidades, como la visión de juego, su pie izquierdo fino y delicado y la aportación de nuevas herramientas en ataque». Empezó a jugar mejor y físicamente vivió un cambio exponencial, pero no logró acostumbrarse a estar tan lejos de casa, con un clima muy distinto al de España; su estado de ánimo fue decayendo, y decidió ponerle solución y volver para establecerse en el Barça. Eso sí, en la mochila de aprendizajes traía una gran lección, y era la de haber vivido de primera mano cómo se debía tratar a una futbolista profesional. Suecia le demostró que podía vivir de esto y que podía mejorar muchísimo como jugadora, porque los entrenamientos eran mucho más exigentes que los que había vivido hasta entonces. Después de Barcelona, decidió que su siguiente parada sería París, donde ficharía por el PSG. No sé si decir que fue una gran decepción, pero sí que sé con certeza que se encontró con un equipo que tenía un nivel espectacular en un año que fue de los peores de su vida.

Casi todo fue difícil. El entrenador, París, volvía a estar lejos de los míos... Perdí la ilusión. Deportivamente crecí, estaba rodeada de jugadoras muy buenas y no me arrepiento de la decisión, pero quería estar en un sitio donde pudiera ser feliz.

Y esa felicidad volvió a encontrarla en sus orígenes, en el Atlético de Madrid, que le cargó las baterías de esa sensación de hogar que tanto había echado de menos. Y es que no podemos entender a Jenni sin hablar de su familia.

El mayor sacrificio que he podido hacer por el fútbol es tener a mi familia lejos. Hacer vida normal, irnos a desayunar, comer juntos, pasear con nuestro perro por el parque... Si me quitas esto, me dejas sin nada. Piensa que nunca he ido a una boda, siempre me han coincidido con partidos. No sé lo que es ver a dos personas contraer matrimonio.

Los sacrificios, lejos, eran constantes. Y uno de los más grandes para ella ha sido haberse perdido parte del crecimiento de una de las personas que más quiere en este mundo: su sobrina.

Es que ya no es tan pequeñita, ya tiene sus trece años. Es como mi alma gemela, nos parecemos mucho. A veces tampoco la soporto, ya es mayorcita para saberlo, pero es que la adoro, la quiero con locura. Una de las cosas que más me duelen es no haber podido estar en muchos de sus cumpleaños. El tiempo va pasando y he podido disfrutar mucho de ella, pero también me he perdido mucho. Tener a esa «rata» que no se separa de mí cuando llego a casa es un soplo de aire fresco que necesito en los momentos en los que no estoy bien.

Y no quiero olvidarme de las que ella llama «las mujeres de su vida»: su madre, su tía, su abuela y su hermana.

Somos una familia superunida, siempre están ahí. No tendría palabras para decirles lo mucho que siento por ellas, lo que las admiro y, aunque mi abuela ya no está, de algún modo todavía la siento presente junto a nosotras. Si algún día logro parecerme un poco a ellas, me podría ir tranquila. Son fuertes, valientes y han luchado muchísimo en sus vidas para llevar a sus familias hasta donde están ahora. Les agradezco toda la educación que me han dado, porque gracias a eso he llegado donde estoy y me siento una afortunada.

Tan importante es para ella su gente que muchos de los tatuajes que luce van dedicados a ellos. Tiene tatuada la mano de su sobrina, las iniciales de sus abuelos, la radio que escuchaba su abuelo, un clavel por su madre y otro por su abuela. A esta última va dedicado uno de sus tatuajes más bonitos y especiales: en su pantorrilla izquierda se puede leer un mensaje que su abuela le escribió en una ocasión. Jenni se lo tatuó tal y como quedó plasmado sobre el papel, con la caligrafía y las imperfecciones ortográficas: «Querida nieta Jenni te desocupe que vaya muy bien y no nos olvides yo te voy a echar mucho de menos sobre todo los viernes. Nunca te olvidaré ven pronto te quiero mucho». No es de extrañar que todos sus goles vayan dedicados a ella, que fue como su segunda madre.

Aparte de la familia humana, también tengo que destacar a la perruna, porque Andy y Lucas marcaron un antes y un después en su vida. Y no, no hablo de los cantantes. Me centro en el segundo, que fue su perro, aunque a día de hoy ya no esté a su lado. Cuando habla de él no puede evitar las lágrimas en los ojos.

Lo tuve en un momento en el que no estaba muy bien. Fue el regalo de mi vida. Te prometo que no he conocido a un perro tan fiel. A veces lloro como lo estoy haciendo ahora mismo y hay gente que no lo entiende, porque no han tenido una mascota y no pueden imaginarse lo que se siente, pero cuando se fue... fue uno de los peores momentos de mi vida, una parte de mi corazón se fue con él. Le echamos muchísimo de menos, he vivido tanto con él que es inevitable.

De un modo u otro, todos la han acompañado en el camino hasta alcanzar sus sueños. El primero, ganar una Champions con el Barça después de regresar al club una vez finalizada su segunda etapa en el Atleti.

Fue espectacular, a pesar de que no había nadie en la grada, porque había covid. Fue uno de los momentos más importantes de mi carrera.

Quién le iba a decir que el segundo sería conseguir un Mundial, durante el cual iba a cumplir sus cien partidos vistiendo la camiseta de España y sus cincuenta goles con la selección. Cuando pudo sumar esos logros a su palmarés individual, ella comentó que el equipo quería lograr algo bonito en el campeonato del mundo, conseguir algo tan grande que representase todo lo que habían trabajado. Lo consiguieron con creces y en gran parte fue gracias a su talento como jugadora. Ve pases que nadie más logra detectar, mezcla su parte más bromista con la de ser una líder fuera y dentro del campo, le gusta asociarse, marcar (sus tres goles, que llegaron siempre en el momento más oportuno, fueron decisivos para que España llegara hasta semifinales), da asistencias, baja a recibir, protege bien el balón, juega bien de cara... Cuantísimas cosas en unas pocas líneas, y las que no he comentado. Hay una frase que me dijo Irene Guerrero sobre ella que creo que define a la perfección lo que representa Jenni: «Cada vez que la ves jugar parece que se detiene el tiempo. Las cosas que hace con el balón provocan que te enganches al fútbol por su manera de jugar».

Creo que Jenni es la persona que más me hizo llorar durante el Mundial, porque supo transmitir sus valores en el campo, pero, sobre todo, fuera de él. Cuando España consiguió clasificarse para la semifinal, no pudo contener las lágrimas y nos contagió al resto. Han pasado muchos meses desde ese momento, pero recuerdo a la perfección el abrazo que nos dimos en la zona mixta y cómo no podía parar de llorar cuando le preguntaba por ese partido y por toda la lucha que había detrás. Yo intenté contener las lágrimas, lo prometo, pero fue imposible. Hubo una frase que dijo durante el campeonato que me llegó hondo: «En muchas ocasiones, nosotras hemos abierto puertas sin llaves». Para ella era impensable imaginar que podría jugar la final de un Mundial con 75.000 personas en el estadio, teniendo en cuenta que años atrás iban a ver sus partidos los familiares y algún aficionado más. Ha dedicado su vida a este deporte, se ha dejado el alma en todo lo que ha hecho a lo largo de los años para poder mejorarlo dentro y fuera del campo y se ha mostrado agradecida en todas las ocasiones en las que hemos coincidido.

Me siento orgullosa y feliz por todo, también de que a día de hoy vosotros estéis aquí y que tengáis ganas de vivir la final con nosotras. Esto lo va a hacer mucho más especial, porque no solo lo vamos a sentir nosotras, sino todos los españoles, los periodistas, las familias, todas las niñas que empiezan... Quiero que todo el mundo lo disfrute, porque nos ha costado mucho llegar hasta aquí y, pase lo que pase, todo esto también es vuestro.

Yo agradezco sus palabras, porque hay una pequeña parte dentro de mí que también siente su éxito como algo mío, algo que en realidad fue de todos, pero debo decir que hay una cosa que hace que discrepe con su afirmación. No es mérito de todos. Ella y otras tantas jugadoras han tenido que sufrir críticas que las han herido mucho. Solo ellas saben lo que es callar, llorar, resignarse, esforzarse y seguir luchando para que hoy todos podamos celebrar algo tan histórico como el primer Mundial de España.

A veces pienso si en algún momento le he hecho daño a gente que ni conozco para que me dediquen comentarios como «Ojalá te lesiones, ojalá el karma te lo devuelva o espero que te rompan las rodillas». No saben el daño que pueden hacer, aunque sean insignificantes en tu vida, porque te llegas a plantear: «¿Qué he hecho para merecer esto?». Yo simplemente lo que hago es entrenar, jugar al fútbol e intentar disfrutar.

Lo bueno del paso de los años es que pone a cada uno en su lugar, que aprendes a hacer oídos sordos a los comentarios que no tienen ninguna base ni fundamento y que te acostumbras a escuchar solo a quienes realmente te aconsejan pensando en lo mejor para ti. ¿El resto? Aparcado, porque perjudica más que beneficia. Jenni no tenía que demostrar nada a nadie, más que a ella misma, pero ha sabido defenderse con hechos. No ha tenido que malgastar tiempo ni energía ante el odio gratuito, no le ha hecho falta.

Ella ha callado bocas en el campo. Y se ha convertido en un mito. En un ejemplo para muchas, fuera y dentro del fútbol.

11

ALEXIA PUTELLAS

El reinado de oro

Fecha y lugar de nacimiento	4 de febrero de 1994, Mollet del Vallès (Barcelona)
Posición	Centrocampista
Equipo actual	F. C. Barcelona

Si una iba por Mollet del Vallès hace unos veinticinco años, era normal que se encontrara por allí a una niña pequeña jugando al fútbol. Podías verla en la plaza, el parque o el colegio, que eran para ella como un gran estadio donde se recreaba con el balón en los pies. Sus amigos del colegio o los que hacía cada verano en un *camping* de la Costa Brava se convertían en sus aliados para darle patadas a la pelota. Su hermana, no; con ella jugaba a las muñecas, y les gustaban especialmente las Baby Born, que pedían cada año a los Reyes Magos junto con un balón nuevo. A los adultos no les importaba ver a aquella niña, de nombre Alexia Putellas, con la mente en el fútbol todo el rato. Pensaban aquello de: «Déjala que juegue, que así se cansa y dormirá mejor». Los viernes, la familia solía ir a cenar con los amigos y ella se escapaba al parque para poder jugar. Los adultos se mostraban permisivos, pues sabían que disfrutaba y que no hacía daño a nadie. Aquella niña se fijaba en Rivaldo y en Ronaldinho, porque le parecía asombroso lo que conseguían hacer en pleno partido. ¿Referentes femeninos? Ninguno. ¿Cómo iba a imaginarse que las chicas también podían hacer lo mismo que ellos? No, esa idea era absurda. Aun así, ella seguía ensayando faltas en la calle, aunque fuera con cubos de basura como defensores, y retándose constantemente a superar los obstáculos que ella misma se ponía.

Su madre tenía que despejar el pasillo de casa si no quería que algún cuadro u otro elemento decorativo se fuera al suelo, porque si Alexia decidía que ese era el mejor sitio para jugar, no había nadie que la parara. Esa determinación la trasladó hasta la escuela. No se llevaba el balón porque sabía que en las instalaciones tenía de sobra. Disfrutaba en la clase de Educación Física, pues era su pequeño instante de reencuentro con «porterías de verdad» y, aunque había pocas niñas jugando al fútbol, los niños de su clase la aceptaron desde el primer minuto en sus partidos. Eran sus amigos del pueblo de toda la vida, ya la conocían y nunca quisieron que se sintiera desplazada. Al contrario, casi siempre era la primera elegida cuando se trataba de formar cualquier equipo o directamente era ella quien los configuraba. Por aquel entonces ya reinaba sin corona y decidía quién jugaba como delantero o a quién colocaba en la defensa. Distribuía al personal a su antojo para asegurarse de que su equipo sería el ganador. ¿Mandona? Un poquitín, pero todo estaba justificado si se trataba de conseguir una victoria.

Llegaba a casa con moratones en las piernas, pero eso a ella no le importaba. ¿Qué más daba que le salieran por haberse tirado al suelo o por haber recibido alguna que otra patada mientras jugaba? Estaba haciendo lo que más le gustaba y todo valía la pena. Y eso se volvió tan evidente que, en un momento dado, su madre tomó la decisión de apuntarla a un equipo de fútbol. Al menos así, si entrenaba en algún sitio, quizás se acabarían esos moratones y no se pasaría horas y horas en la calle con el balón.

Lo del entrenamiento funcionó, pero lo único que hizo fue aumentar el tiempo que invertía dándole patadas al esférico, ya que seguía llegando a casa llena de moratones y con pinta de haberse rebozado por el suelo todos los días. Alexia entrenó tres veces con el Mollet del Vallès, pero no le gustó el ambiente, no se divertía y además no quería jugar con chicos, sino con chicas. Así que sus padres hablaron con Noelia, una amiga de la familia que jugaba en el primer equipo del C. E. Sabadell, y ella les sugirió que la llevaran a su club. Eso sí, había un pequeño problema que solucionar. Por aquel entonces tenía siete años, y la edad mínima para que entrara en el equipo eran ocho. Pero, como no hacían daño a nadie, hicieron la vista gorda y solucionado. Alexia estaba dentro.

La diferencia entre ella y sus compañeras de equipo era abismal, porque el resto eran entre cinco y seis años mayores. Puedo llegar a imaginar la frustración que aquella niña debía sentir cuando intentaba emular lo que hacían ellas y no le salía. El cuerpo, la fuerza y la potencia que tiene una niña de doce años no son los mismos que los de una de siete. Simplemente debía tener paciencia y crecer. Ella se malhumoraba porque no la sacaban de titular y lo que hacía durante los partidos era coger el agua de los botellines, mezclarla con la arena del terreno de juego e intentar hacer castillos de arena para distraer su mente.

Con el paso del tiempo, empezó a dejar muestras de lo que era capaz de hacer y hasta escuchó alguna conversación entre los adultos que se deshacían en elogios y decían que aquella niña tenía algo especial, pero ella no daba importancia a esas palabras. Con diez años convenció a su padre para que la apuntara a jugar al campus de verano de Xavi Hernández, y allí pudo conocer al ídolo al que admiró durante los años dorados del Barça de Pep Guardiola. No asistió una vez ni dos, sino que fueron tres las veces que Alexia pasó parte del verano en ese campamento. Años después, cuando ella marcó un auténtico golazo en la final de la Copa de la Reina de 2013, Xavi Hernández se dio cuenta de que aquella era la niña que había ido hasta en tres ocasiones a su campus.

Cada vez tenía más claro que el fútbol era su vida, y sus padres, lejos de querer que cambiara de opinión, la apoyaron en todo momento. Jaume finalizaba su turno de trabajo agotado, pero sacaba energías de donde no las tenía para llevarla a entrenar, aunque los horarios fueran los peores de todas las categorías. No había equipos bien definidos, se mezclaban edades, ligas, el padre de alguna compañera se prestaba a entrenarlas para que pudieran mejorar... Tampoco han pasado muchos años desde esa época, que muchas de las jugadoras del Mundial vivieron en carne propia, pero, por suerte, ha cambiado mucho en la mayoría de los casos. En paralelo, su padre se encargaba de inculcarle el amor por el Barça. La primera vez que fue al Camp Nou a ver un partido lo hizo acompañada de su Jaume, y al salir hablaban de técnica, táctica y aspectos aparentemente complejos para una niña de su edad. Eso sí, en casa no le regalaban los oídos. Si cuando jugaba no daba todo de sí misma, su padre le decía que lo que tenía que hacer era correr más para rendir mejor. Ella se enfadaba y le recriminaba que siempre era exigente con ella y que nunca le decía las cosas que hacía bien, pero inconscientemente aprendió a no conformarse y lo empezó a aplicar hasta llegar al día de hoy. Es más, muchas veces ha recordado una anécdota que vivió estando en la selección catalana: se quedó fuera de un partido porque su entrenador se enfadó con ella. Cuando salió, Jaume fue el primero en darle una reprimenda argumentando que quién se creía ella para no defender como el resto de sus compañeros. Y Alexia debió aplicarse el cuento. Cuando empieza el sacrificio de verdad es cuando llegan las recompensas, y la suya fue en forma de llamada del Barça para que se formara en sus categorías inferiores. Alexia estaba en el club que su familia llevaba en el corazón. Sin embargo, poco le duró el idilio, porque, al cabo de unos años, cuando ella tenía doce, desaparecieron las categorías inferiores y solo mantuvieron el primer equipo. Solución: irse al Espanyol para seguir trabajando duro, con la ilusión de poder volver a vestir la camiseta del Barça algún día. Allí la situación no era mucho mejor que lo que había vivido hasta entonces, porque la entrenaban jugadoras del primer equipo, no veía que hubiera una estructura profesional y tenía claro que quería jugar partidos, pero en aquel momento era imposible imaginar que en España se pudiera vivir del fútbol al cien por cien.

Cuando alcanzó los dieciséis años, Alexia debutó en primera división con el club blanquiazul, y justo después se fue a Valencia. El Levante llegó a su vida y ella, habiendo cumplido la mayoría de edad, seguía teniendo claro que su apuesta era el fútbol. El resto le daba igual, tenía clarísimo que había nacido para ese deporte. Parecía que todo estaba bien y en orden en su vida, que podía disfrutar del proceso y seguir aprendiendo, pero la enfermedad que sufría su padre se complicó. Su madre la llamó un día para decirle que tenían que hacerle un trasplante de corazón. Se desplazaron a Valencia y la rutina de Alexia, inevitablemente, cambió. Iba a entrenar con normalidad, pero después dormía en el hospital para estar cerca de Jaume.

Por desgracia, después de mes y medio, su padre falleció. Sin duda alguna, aquel fue el golpe más duro de su vida. Se fue la persona que siempre la había animado a perseguir su sueño, con la que compartía la pasión por el fútbol, su mayor crítico, pero a la vez su fan número uno y quien siempre confió en que ella lograría alcanzar todo lo que había imaginado. Alexia se encerró en el fútbol. Era su única vía de escape, su terapia, la forma en la que podía canalizar su dolor, su aislamiento... En cierto modo, era una manera de imaginar que no había pasado nada, de negar los hechos. Como consecuencia de esa pérdida tan terrible, su madre Eli, su hermana Alba y ella se unieron aún más. El dolor las hizo más fuertes. A día de hoy, Alexia lleva un tatuaje en la espalda donde se puede ver la silueta de su padre con ella en su regazo agarrando un balón pequeñito. No es que el tatuaje le haga falta para recordarle cada día, claro. Desde el instante en el que se fue, su dedicación por el fútbol cambió. Se multiplicó y triplicó, diría yo. Ya no solo luchaba por sí misma, sino que quería que todo el esfuerzo valiera la pena por él. Cuando le fallaban las piernas, pensaba en él. Si tenía un bajón anímico, la imagen de su padre le venía a la cabeza. Tenía que seguir adelante. Aunque hay algo que Alexia recuerda y que para ella es una gran espinita que tendrá clavada para siempre en el corazón. Tiempo atrás, después de terminar un partido y cuando ella se metió en el corro donde estaban todos los padres de las jugadoras, Jaume le dijo: «Yo no me puedo morir sin ver a mi hija en el primer equipo del Barça». Lo peor de todo es que él falleció dos meses antes de que Alexia recibiera la llamada que le cambiaría la vida: el club azulgrana quería ficharla.

Durante la primera temporada, con dieciocho años, ya fue titular y lo jugó prácticamente todo. Empezó a saborear lo que eran las victorias, ganar títulos y disfrutar de la parte más bonita de este deporte. Su base de trabajo, esfuerzo y sacrificio se complementaban a la perfección con su talento, porque sus controles, toques, centros, apoyos, regates, asistencias y goles empezaron a deleitar ya no solo a la afición azulgrana, sino a todos aquellos que, embobados, la veían jugar. Imagina hasta qué punto sentía responsabilidad y consciencia por lo que hacía que, en las cuatro temporadas entre 2015 y 2019 en las que el Athletic Club y el Atlético de Madrid ganaron una y tres ligas respectivamente, Alexia puso «su figura» a disposición del club. Vio que el equipo competía, pero no llegaban los títulos, así que hizo una petición al Barça para replantearse si debía seguir vistiendo esos colores. Ella quería aportar todo lo que pudiera al equipo, seguía amando el escudo con todo su corazón, pero también estaba dispuesta a dar un paso a un lado si eso conllevaba que la situación mejorara. Fue Markel Zubizarreta, el actual director de la sección femenina de la Real Federación Española de Fútbol, y en ese momento del Barça, quien la convenció para que se quedara. Siguió trabajando dejándose la vida en cada entrenamiento sin esperar nada a cambio, porque, como dice Alexia:

Al fútbol no hay que pedirle nada, porque este deporte consiste en abrirte en canal y ser consciente de que puede ser que no obtengas recompensa.

Sin embargo, en su caso, esa recompensa sí que llegó, y lo hizo en forma de premio colectivo y también individual. En 2021 se convirtió en la primera jugadora española en ganar el Balón de Oro. Recuerdo que, durante el Mundial, Jenni Hermoso nos contó:

Aquel trofeo siempre lo he sentido muy mío, porque todas estuvimos muy cerca de conseguirlo. Ese premio era un cúmulo de mucho tiempo. Que se lo llevara ella, otra de mis compañeras o yo, era lo mismo, porque lo que demostraba es que la base del fútbol español tenía calidad como para llegar a ese momento. A veces le digo a Alexia que ese Balón lo disfruté tanto como ella, aunque creo que incluso más.

El día anterior a recibir el galardón quería preparar todo lo que necesitaba para la gala y empezó a ponerse nerviosa. No era lo que quería ni lo que necesitaba en esos momentos, por lo que decidió irse a dormir y dejarlo todo para la mañana siguiente. Cuando se despertó, recogió las cosas a toda prisa, se fue a La Cartuja a entrenar, porque estaba concentrada con sus compañeras de la selección, de allí al aeropuerto y, sin darse cuenta, ya estaba en París, en la gala del Balón de Oro. Había pensado mucho a quién quería dedicárselo, pero prefirió que las palabras fluyeran según le nacieran en ese momento. Después del discurso de agradecimiento y cuando estaba a punto de terminar, Alexia dijo visiblemente emocionada:

> Si me lo permitís, quiero dedicarle [tragó saliva], voy a intentar no emocionarme..., dedicarle este momento a alguien que siempre será muy especial para mí. Por quien hago todo, espero que estés muy orgulloso de tu hija. Allí donde estés, esto es para ti, papá.

Aquel día era histórico y, de un modo u otro, su padre tenía que acompañarla. Él es la razón por la que se levanta, entrena e intenta contribuir de forma positiva al equipo. Estábamos ante la mejor versión de una Alexia a quien no le habían regalado nada y que fascinaba a todo el mundo que la veía jugar en directo. Pero, por desgracia, todo se frenó en seco en la Eurocopa de Inglaterra de 2022. Por aquel entonces, a escasas horas del debut de España en la competición, yo estaba en el coche junto a mis compañeros Lara, JuanCar y Noguera. Dábamos la jornada prácticamente por finalizada cuando tuvimos que frenar en seco porque nos llegaron las peores noticias: Alexia se había roto. No sabíamos qué había pasado, cuándo ni de qué modo, pero nos plantamos en el hotel de concentración de la selección española a hacer guardia por si la veíamos o alguien nos podía informar. Durante el entrenamiento se encontraba en medio de una acción donde tenía que regatear a una defensa. Debía visualizar un remate con la pierna derecha para meter el gol, así que empezó el regate, apoyó el pie, hizo un salto para pasar a la defensa y... crac. Escuchó un crujido atronador y no pudo finalizar la jugada. Cayó al suelo, y en ese instante empezó a repetirse la frase «No puede ser» dentro de su cabeza. «Por favor, que no sea esto, por favor, no.» Cuando se levantó, dio un paso y se le fue la rodilla. Y en ese momento se dio cuenta de que lo que tenía no era una lesión menor: rotura del ligamento cruzado anterior de la rodilla izquierda.

Empezaba un infierno personal para ella. Estando en el mejor momento de su carrera, no sabía si volvería a ser la Alexia de antes y se planteó todos los escenarios posibles. Tenía miedo y no había nada ni nadie que pudiera consolarla. «No puedo creerme que le haya pasado justo a ella, que es la persona que más tiempo dedica a los entrenamientos, que más cuida su dieta y que más a rajatabla lo lleva todo», recuerdo que decía el *staff* de la selección española. Empezaba el duro proceso de recuperación hacia una nueva Alexia.

Tuvo que volver a aprender a andar, a correr, a hacer los ejercicios y también a depender un poco de su entorno, especialmente los primeros días. Se subió a una montaña rusa de emociones y vivió desde la tristeza más absoluta ante la incertidumbre de su futuro hasta la alegría más inmensa cuando conseguía pequeños logros. Fueron meses de sacrificio y esfuerzo, y un sinfín de sentimientos, pero el trabajo tuvo recompensa y Alexia logró recuperarse, hasta llegar a ir convocada de nuevo con la selección española con el objetivo de ganar el Mundial de 2023. Inevitablemente, durante la competición no le dieron tantos minutos sobre el verde como hubiera tenido de no haber pasado por todo ese proceso. Al fin y al cabo, tener el alta médica no quiere decir que vuelvas a ser la de antes, pero pudo compartir el sueño con todas, algo que, teniendo en cuenta cómo se encontraba un año antes, parecía casi imposible. Con esta lesión se necesita tiempo, pero Alexia es una luchadora.

Ya con la medalla de campeona colgada al cuello, pude hablar con ella en la zona mixta del estadio de Sídney y, pensando en todo su calvario, le pregunté qué significaba ese objeto para ella después de los meses que le había tocado vivir.

—Significa muchísimo. He abrazado a mi madre, que está aquí, y me ha dicho: «Hace un año estabas con muletas, ese día te las querías quitar, y venías de una operación en la que te han hecho de todo en la rodilla». He trabajado mucho para llegar hasta aquí.

—Fácil seguro que no ha sido —le dije—, porque nosotros estábamos en Inglaterra cuando pasó todo y creo que recuerdo ese día tan bien como tú.

—La gente que lo ha pasado sabrá de lo que hablo, porque la verdad es que es una lesión muy jodida.

Obviamente a nivel físico se pasa mal, pero es que a nivel mental es matadora.

—¿Y cómo has gestionado este Mundial teniendo en cuenta todo esto?

—Ha sido difícil, porque han ido pasando cosas que no tenía previstas, pero también he ido aprendiendo durante el proceso.

Yo también aprendí, ese día, otra lección de Alexia, y es que:

El fútbol te enseña que no puedes mirar más allá de mañana. Te puedes poner retos y objetivos a medio plazo, como ganar la Eurocopa, pero después mira lo que me pasó. Me partí la rodilla.

Alexia, como tantas otras, no solo ha tenido que luchar para recuperarse de una lesión o para mostrar la mejor versión de sí misma en cada momento. Es una de las muchas jugadoras que llevan años alzando la voz para intentar promover cambios en el mundo del fútbol, haciendo hincapié en los equipos femeninos. Como ha manifestado en varias ocasiones: «Esto llega a ser agotador, pero también es nuestro deber, porque tenemos un altavoz que nos lo permite». Aunque sea una persona muy introvertida, no titubea si se trata de defender sus derechos y los de sus compañeras, que dicen de ella: «Alexia es un referente, es una figura que va mucho más allá de una gran jugadora, que además también lo es».

Si algo tiene Alexia es que lucha cada día por ser la mejor versión de sí misma y contagia al resto sus ganas, su motivación y su autoexigencia. Alexia ha hecho historia en el mundo del deporte: es la única mujer, hasta la fecha, que ha ganado dos veces el Balón de Oro y ha conseguido múltiples títulos colectivos, tanto con su club como con la selección, y varios galardones individuales. Pero ella es incansable e insaciable. Alexia siempre querrá más, mucho más.

12

OIHANE HERNÁNDEZ

La sencillez por bandera

Fecha y lugar de nacimiento	4 de mayo de 2000, Sopelana (Bizkaia)
Posición	Defensa
Equipo actual	Real Madrid C. F.

De vez en cuando recuerdo con nostalgia Palmerston North y el Massey University Sport and Rugby Institute, aunque sé que la gran mayoría de los compañeros con los que compartí aventura no lo acaban de entender, porque no había muchas opciones de ocio más allá de dar un paseo por la zona y poco más. Pero, oye, para mí tenía encanto. El Massey fue el campo base de la selección española durante las primeras semanas de Mundial y allí tuve la oportunidad de mantener las primeras charlas con las jugadoras. Había una pequeñísima sala de prensa para los periodistas españoles y unas minihabitaciones un tanto lúgubres que servían para hacer las entrevistas de forma más íntima con ellas. Allí Poki y Bea, las responsables de comunicación de la selección, nos decían qué periodista entrevistaba a cada jugadora y dónde se realizaría cada charla. Era fácil: si había cinco jugadoras que ese día atendían a los medios, cada una ocupaba una de las salitas y éramos nosotros los que entrábamos, hacíamos la entrevista y, una vez que hubiésemos terminado, se producía el cambio de turno con otro periodista. ¿Que la intención hubiera sido buscar otros emplazamientos en el exterior para que se viera un poco de verde? Seguro, pero el frío y la lluvia de Nueva Zelanda no lo pusieron fácil, así que acabamos familiarizándonos con esas salas, su moqueta oscura, la mezcla entre sillas de estilo *vintage* y sillas de plástico de color gris y las cortinas y los sillones con estampados de los setenta. Y fue entre todo ese mobiliario donde hablé por primera vez con Oihane Hernández. Recuerdo que Poki, la responsable de prensa, me mandó un wasap el día anterior diciendo: «Te toca con Oihane y serás la tercera en hacer la entrevista con ella». Al día siguiente llegamos a las instalaciones del Massey University y, antes de tener el encuentro con Oihane, Poki me aseguró convencida: «Te va a encantar ella, ya verás. Es un amor, te va a caer superbién y te va a contar cosas interesantes, seguro». Cómo se nota que las conoce bien, porque, en cuanto crucé la puerta, la sonrisa de Oihane hizo que la sala fuera menos tétrica.

Ese día era 24 de julio, faltaban pocas horas para viajar a Auckland, donde jugarían el segundo partido del Mundial contra Zambia. Hablamos de cómo estaba ella, cuáles eran sus sensaciones después de llevar unos días en Nueva Zelanda, su reciente cambio de vida del Athletic Club al Real

Madrid y de tantas otras cosas. De hecho, el fichaje se había anunciado pocos días antes de irnos a las antípodas. El Athletic Club perdía una gran pieza que había formado parte de su engranaje desde que llegó en 2015, procedente del Betiko Neskak, y en el que había ido progresando desde las categorías inferiores hasta debutar con el primer equipo en la temporada 2018/2019. Su fortaleza y su velocidad la convirtieron en un pilar defensivo para el club rojiblanco. Pero, como les ha pasado a muchas de sus compañeras, a veces tienen que dejar atrás un equipo que para ellas ha significado *casa* para poder seguir creciendo a nivel profesional.

Bueno, la verdad es que ahora ya estoy bien, pero al principio estaba entre la mudanza de tener que mandar todo a Madrid y sin saber si estaría en la lista para ir al Mundial o no. Fueron unos días de un poco agobio por todo, porque son muchos cambios. Piensa que más allá del fútbol también tengo que cambiar de universidad. Todo, todo. Bueno, y que no es lo mismo tener que coger ropa de verano que de invierno. No sé cómo estás aclimatándote tú.

La verdad es que yo sufrí más con el *jet lag* que con el frío, porque a mí las temperaturas «fresquitas» me encantan. Y estando allí vi que a Oihane también. «Pero ¿tú has visto a esta?», decían algunas de sus compañeras entre asombradas y dejándola por imposible. Compartí un poco esa sensación con ellas, porque yo también me quedé anonadada cuando, en uno de esos días de frío y hasta un poco de lluvia de Palmerston, vi que Oihane salía al campo de entrenamiento en manga corta y pantalón corto. El resto de seres humanos que no íbamos a entrenar llevábamos los abrigos más calentitos que teníamos, bufanda, guantes y hasta el gorro en algunos casos, y muchas de sus compañeras recurrían a mallas y camisetas térmicas, bragas de cuello y otros complementos para superar con éxito la sesión del día. Cuando le pregunté por aquello, su respuesta fue:

La lluvia y este clima así... a mí me encantan. El frío extremo ya no lo aguanto tanto, pero sí que es verdad que yo siempre he dicho que para mí el mejor clima para jugar es cuando está nublado, a puntito de llover o cuando ya caen las primeras gotas. Creo que nunca me vas a ver entrenando con una sudadera, porque notar que llevo manga larga me molesta. Como mucho, un chubasquero, pero no me dura nada. Me lo quito al cabo de diez minutos de empezar.

Lo que se conoce como una chica acostumbrada a la dureza del norte, vamos.

Y es que ella es de Sopelana, un pueblo situado en la provincia de Bizkaia (País Vasco), conocido por su playa y por su fuerte viento, y que vio sus primeros pasos como futbolista. Como muchas de sus compañeras, y a pesar de ser una de las más jóvenes, empezó en un equipo de chicos, el Ugeraga, cuando tenía cinco años. De hecho, solo dejó de jugar con ellos cuando le dijeron que ya no podía seguir formando parte de su equipo y, entonces sí, se sumó a un conjunto femenino. Militó en el Betiko Neskak de Erandio desde alevín hasta cadete y siempre jugó como lateral derecho, aunque alguna vez también lo hizo de extremo. Parece mentira que fuera tan pequeña y ya tuviera tan claro su posición, pues sería la que ocuparía a lo largo de los años.

Yo jugaba porque me lo pasaba bien, pero sí que es verdad que, conforme crecí, empecé a vivir por y para el fútbol. ¿Que tenía otras cosas? Vale, pero primero estaba el fútbol y después todo lo demás.

Intentaba fijarse en otras jugadoras, y hablo en femenino porque seguía atentamente los pasos de algunos equipos y selecciones, en especial la de Estados Unidos. De entre todas, su favorita era Kelley O'Hara (actual jugadora del Gotham F. C.) por su garra y su talento. Oihane seguía a otras jugadoras y su padre, Armando Hernández, hacía lo propio con su hija. Veía cómo iba dando pequeños pasos en el mundo del fútbol y la llevaba hasta Lezama para poder hacer tecnificación. Por aquel entonces ya despuntaba en cuanto a su potencia física, su rapidez y su profundidad para entrar en el área rival, pero también conquistaba a sus compañeras con su sentido del humor. Si no, que se lo digan a las jugadoras de la selección que estuvieron con ella en Nueva Zelanda. Irene Guerrero me contó que, en una de las noches de concentración, llamaron a su puerta. Ya habían cenado, no esperaba a nadie y no sabía quién estaba al otro lado, pero, cuando abrió, pasó del asombro a la risa en cuestión de segundos.

Tú imagínate el momento de abrir y ver a Oihane envuelta en papel de aluminio. ¡Es que no me lo podía creer, no tenía ningún sentido! Puedes hacerte una idea de en qué punto de tara mental nos encontrábamos en ese momento. Estábamos desquiciadas, pasábamos las veinticuatro horas del día juntas y, llegadas a ese punto, no sabíamos qué hacer y yo pensé que ya no había vuelta atrás.

Pero Oihane no siempre era la que gastaba bromas al resto. A veces también era la víctima de las inocentadas y, si no, que se lo digan a Maria Pérez. Me contó que solía darle muchísimos sustos y que el primero fue cuando ambas coincidieron en la selección española sub-23. Maria tenía muy buena relación con Oihane Valdezate, actual jugadora de la Roma que militó en el Athletic Club.

Es que te juro que en ese momento pensé: «Maria..., Valdezate y tú sois iguales. Vamos a darle un susto a la otra Oihane». Le pegamos un susto criminal, pobrecita. Nos metimos en su habitación sin que ella lo supiera y empezamos a hacer ruiditos. Ella estaba aterrorizada. A día de hoy todavía se lo recuerdo. Ahora le hago sustillos, sustos de «chorra», vamos. Salir del ascensor y «buuu», esconderme al lado de una pared y «buuu» otra vez...

Más allá de hacer reír a sus compañeras y de llevarse algún sobresalto, Oihane también tuvo tiempo de disfrutar de los juegos de mesa durante el Mundial, que le encantaban. El caso es que Oihane, Claudia Zornoza, Rocío Gálvez, Irene Guerrero, Eva Navarro, Alba Redondo y las que quisieran sumarse se «viciaban y jugaban muchísimas partidas». Pero un día Oihane me contó una de las cosas en las que invertía más tiempo libre:

—¿Sabes que hacemos muchísimos puzles? Tenemos algunos de mil piezas y la verdad es que el otro día terminamos uno y oye, nos relaja. Es como que te quedas en calma. El problema es que, si nos llega a las manos uno que no tiene todas las fichas, igual acabamos peor de lo que hemos empezado, pero, bueno, en general nos están entreteniendo bastante.

—¿Sabes qué me encantaría hacer a mí si tuviera un «momento zen» y, de hecho, cuando estoy en casa, lo hago de vez en cuando? —le dije—. Pintura por números.

—No me digas, ¡a mí también me gusta! Es que relaja muchísimo.

La pintura por números consta de un pequeño kit que incluye un lienzo con un dibujo ya hecho que tiene pequeñas marcas de números que indican las áreas que pintar y minibotecitos de pintura con los números correspondientes. Si ves que hay varias zonas de la pintura con el número 5 y el bote con ese dígito es el de color rosa pastel, quiere decir que tienes que utilizar ese pigmento para colorear esas áreas. La verdad es que es una solución ideal si te gusta pintar, pero dibujar no es lo tuyo.

A veces necesitas momentos para ti, y eso le pasa a ella (y a todos), especialmente cuando estás lejos de casa. Eso se vio incrementado a raíz de su primera convocatoria con la selección española absoluta. Para ella fue un sueño hecho realidad que se completó el día de su debut. Lo hizo en Madrid, en la Ciudad del Fútbol de Las Rozas, después de una victoria ante Hungría que sumaba tres puntos en el camino de la selección hacia el Mundial. Quién le iba a decir que ella acabaría llegando hasta allí. Precisamente cuando estás en medio de una concentración internacional es bastante útil buscar distracciones. Antes comentaba la de los juegos de mesa con sus compañeras, pero durante el campeonato del mundo descubrí que Oihane es una gran aficionada a Blackpink, un grupo musical surcoreano de K-pop formado por cuatro chicas: Jisoo, Jennie, Rosé y Lisa. Tienen canciones en inglés, pero la gran mayoría son en coreano. ¿Cuál fue mi sorpresa? ¡Oihane está aprendiendo coreano! Espera, porque esto no es todo. Lo estudiaba en sus ratos libres durante el Mundial; algunas compañeras la vieron entregándose en cuerpo y alma a un libro para seguir mejorándolo. Tenía la inquietud de aprender un idioma nuevo y pensó que el mandarín era demasiado complicado, por lo que optó por este (¡como si fuera fácil!). Así que ya puedes imaginar cómo eran los trayectos en autobús del hotel al campo: con Blackpink de fondo y quién sabe si entendiendo todas las letras de principio a fin. Aunque ni siquiera eso la ayudó a relajarse después de la derrota en la fase de grupos contra Japón por 4-0. Antes del partido de octavos contra Suiza, pude hablar con ella y le dije que me echara una mano para completar la «cronología de los hechos», para ayudarme a entender cómo había pasado las últimas horas. Ella vivió la primera parte del partido desde el banquillo y jugó la segunda mitad, después de que se efectuara su cambio por Olga Carmona. Eso quiere decir que sufrió el 3-0 sentada junto a sus compañeras y tuvo que resignarse con el 4-0, que llegó en el minuto 82 de partido, desde el césped.

—En el momento en el que acaba el partido y ves que España pierde, ¿qué pensaste?

—Al principio me sentí muy mal, porque a ninguna jugadora le sienta bien perder, y menos por ese resultado. Pero la verdad es que, cuando entré al vestuario y empecé a hablar con las compañeras, lo vi con más perspectiva y me di cuenta de que tampoco pasaba nada. Obviamente sí, claro que pasó, pero en un Mundial puedes perder un partido como ese y te lo puedes permitir, así que vale más este que uno de los que vendrán ahora.

—¿Esa noche costó dormir?

—Un poco sí, la verdad. Nada que no se solucione con un día libre para oxigenarnos. Después de esa noche, llega un nuevo día y además acompañada de tus compañeras y de los familiares, así que todo mejora.

—¿Qué te dijo tu familia?

—Mi familia no está aquí porque no han podido venir, pero me junté con las familias de todas y me ayudaron a desconectar. Los míos me dijeron que no pasaba nada, que ellos estaban felices por mí y que luchara.

—¿Y qué te dice esta energía que os llevaréis hasta Auckland para jugar contra Suiza?

—Que es positiva, que podemos mejorar y que si hacemos un buen partido podremos ganar. Mentalmente estamos bien, así que creo que podemos contra Suiza.

Lo que sí sé es qué decía la energía de Rocío Gálvez ese día, el de octavos de final ante las suizas. Cuando se reunieron antes del encuentro para saber quién saldría desde el once titular, su compañera le dijo que tenía el pálpito de que ese día Oihane debutaría en el once. Cuando se dio a conocer y vio su nombre en él, miró a Rocío y pensó: «Tenía razón». Aunque ella es una chica a la que le gusta disfrutar de la tranquilidad, no sé si tuvo mucho tiempo de calmarse ante la posibilidad de formar parte de la eliminatoria desde el inicio. Más que nada porque la rutina que deben seguir las jugadoras, una vez que conocen el once, es la siguiente:

1. Termina la charla previa y las jugadoras se desplazan hasta el estadio, en este caso, el de Eden Park (Auckland).
2. Bajan del autocar vestidas con el uniforme «de calle», ese día, camisa blanca y pantalones y americana azul oscuro con algún detalle en rojo, como el del escudo.
3. Salen al césped para hacer el primer reconocimiento antes de que se llene el estadio.
4. Van al vestuario para prepararse para el calentamiento y se ponen la equipación.
5. Salen a calentar, primero las porteras y luego el resto, y cuando se acaba el tiempo de calentamiento…, llega el momento del partido.

Visto así, hay poco margen para preocuparse. Por lo tanto, Oihane tuvo que administrar bien los pocos minutos de los que disponía antes de jugar de titular contra Suiza, por lo que su foco estaba puesto en avisar a sus seres queridos. Aunque sabía que su familia estaría durmiendo por el cambio horario, les quiso mandar un mensaje para que cuando despertaran vieran que ese día sería especial para todos. Ella no pudo leer la respuesta antes del partido, pero sí lo hizo al final. Sus padres le dijeron que jugara como ella sabía, que estuviera muy tranquila y que, sobre todo, disfrutara del partido. Porque sí, había tenido minutos en los tres primeros encuentros, pero salir de titular en unos octavos de final imponía, y mucho. Oihane, sin embargo, se lo tomó como un partido más y pudo exhibirse de nuevo como la lateral aguerrida que es luchando por cada balón, demostrando por qué es un portento físico y mostrándole al mundo su manera de abarcar mucho campo cuando está jugando. Es más, ella no esperaba tener tantos minutos durante el Mundial, aunque siempre estaba preparada para la acción por si se la necesitaba. Se perdió la semifinal por acumulación de tarjetas, pero sus compañeras hicieron el resto para llegar a una final que culminó con el mayor premio de todos. Y, aunque sus padres no pudieron viajar, no faltó una videollamada con la medalla en el cuello. «*Aita*, lo he conseguido», fueron las primeras palabras que Oihane le dijo a su padre. Él no podía parar de llorar, pero es que ella hacía lo propio estando en la otra punta del mundo. Seguramente recordó los días en los que iba a ver los partidos del Athletic Club con sus *aitas,* pero estoy convencida de que sus compañeras también recordarán este Mundial como el torneo de las antípodas donde una sonrisa de Oihane hacía que el ánimo colectivo subiera de golpe, y donde muchos tendremos presente su alegría desde el primer día en Palmerston North hasta el final de la aventura en Sídney.

13

ENITH SALÓN

La constancia como superpoder

Fecha y lugar de nacimiento	24 de septiembre de 2001, Moncada (Valencia)
Posición	Guardameta
Equipo actual	Valencia C. F.

¿Te acuerdas de la primera impresión que tuviste al conocer a alguien que a día de hoy es importante en tu vida? ¿Te equivocaste? ¿Estabas en lo cierto? Jugueteando con una moneda me ha venido a la mente la primera impresión que tuve cuando vi a Enith Salón, y me he dado cuenta de que existe un paralelismo entre mi moneda y ella: ambas tienen dos caras. Antes del Mundial yo solo conocía a una Enith: la que dirigía bajo palos a sus compañeras con una determinación digna de la portera titular del Valencia, la que pegaba cuatro voces para reordenar su defensa y la que actuaba como una leona en el césped. Pero, cuando me crucé con ella en Nueva Zelanda sin que estuviera «en acción», descubrí una timidez y una sensibilidad que me ayudaron a entender esa otra cara de Enith.

Por un lado, es exigente y disciplinada y, por el otro, un trozo de pan al que a veces tienes que sonsacarle las palabras. Entre bromas le dije que cuando jugaba no se le notaba ni un ápice de vergüenza, a lo que ella me respondió que «lógicamente, estando en la portería, no puedo ser así, porque tengo que dar órdenes a mis compañeras». Pero... ¿sabes qué? Hasta esto ha tenido que trabajarlo.

Cuando yo estaba en el equipo C y subía al B, o cuando estaba en el B y subía al A, me costaba mucho. O sea, era como..., ¿cómo voy a darle órdenes a Mapi Vilas, Ivana Andrés...? ¿Cómo voy a decirle algo a jugadoras que saben mucho más de fútbol que yo? Pero al final te das cuenta de que no se trata de saber o no saber, simplemente tienes que trabajarlo para conseguir comunicar y ayudar en todo lo posible.

Para ella el mundo del fútbol empezó a transcurrir entre el patio del colegio y el parque de la Mediterránea de Moncada, en Valencia. «La verdad es que juego desde que tengo uso de razón, no me recuerdo a mí misma sin un balón.» La tónica habitual era sencilla, siempre con los mismos pasos: llegaba al parque, veía que había gente de otros colegios jugando al fútbol y alguno del suyo (si tenía suerte, hasta coincidía con compañeros de clase), lanzaba la pregunta «¿Podemos unirnos?» a nadie en concreto y a todos en general y se metía a jugar. Era fútbol de calle, fútbol puro y sin reglas donde no importaba si el partido era de cinco contra cinco o de treinta contra treinta, y sin posiciones, porque solo había dos roles a elegir: portero o jugador. «A mí me gustaba estar de jugadora, pero la verdad es que despuntaba más siendo portera.» Y Juan Carlos Alejo lo intuyó. El técnico del Moncada la vio dando patadas al balón en el parque, sin importarle que el límite de las porterías fueran dos árboles y que entre ellos hubiera una distancia más que considerable para una niña de nueve años. Un día, se acercó a ella, le explicó que iban a crear un equipo femenino y le preguntó si estaría interesada en apuntarse. Enith, como cualquier niña de su edad que anhelaba tanto jugar al fútbol, vio la luz. «Llevaba bastante tiempo detrás de mis padres para que me apuntasen, fui a probar y me gustó bastante.» Pero no lo suficiente, hasta que dieron con la tecla correcta. Aunque la propuesta inicial fue la de ocupar cualquier posición en el campo (menos la que ella quería), la pequeña Enith alzó la voz y dijo: «No quiero estar de jugadora. No, yo de portera».

Y el Mundial de Sudáfrica de 2010, que acabó ganando España, todavía reafirmó más esa decisión. En su casa no eran mucho de ver partidos y tampoco ella. «A ver, siendo sincera..., a mí lo que me gustaba era jugar, pero no veía mucho fútbol», comentó un día medio riendo. Ella coleccionaba cromos, pero, a raíz de aquel Mundial, empezó a fijarse en Iker Casillas y a indagar sobre él.

Cada vez que veía alguna revista, algún periódico donde hablaban de Casillas o alguna foto en la que salía, yo la recortaba. Es más, hasta mi madre me ayudaba. Cuando miraba alguna revista y veía a Casillas, recortaba las fotos y me las daba porque sabía que me encantarían.

Y Enith me explicaba esto con esa risa nerviosa de quien te está contando algo que le da vergüenza, medio tapándose la cara para evitar mirarte a los ojos, como si la gran mayoría de nosotros no hubiéramos hecho lo mismo con nuestros ídolos de infancia y adolescencia. Los recortes dieron paso a los pósteres en su habitación, aunque como ella dice: «Pósteres, pósteres..., bueno, sí, tenía algún cuadro de Iker». Y es que, volviendo al Mundial de 2010, la mítica parada de Casillas a Robben en el minuto 61 de la final marcó de por vida a Enith. «Vi aquella parada y quería ser como él, tuve muy claro que quería emularle.» Años más tarde el recuerdo sigue allí, porque el paso del tiempo no evita que nuestro niño interior se mantenga vivo. Y en su caso lo puedo confirmar, porque creo que lo único que me ha pedido Enith desde que nos conocemos es que la ayude a conocer a Iker: «Oye, algún día me lo podríais traer o algo, ¿no?». Me lo dijo medio en broma, medio en serio. Pero, Iker, si estás leyendo esto..., coge el teléfono, que harás feliz a una niña de Moncada que ha acabado siendo campeona del mundo, como tú.

Antes de ese Mundial, mucho antes de otros éxitos individuales y colectivos, muchas de las jugadoras no tenían claro si podrían dedicarse al fútbol profesional. En el caso de Enith, «hace relativamente poco que vi que era posible, cuando subí al primer equipo y vi que tenía un contrato». Al inicio era una chiquilla que no ganaba ni 250 euros al mes y que subía del conjunto B al primer equipo para entrenar, que hacía las mismas horas, o incluso más que el resto, porque seguía jugando con el B, pero también iba convocada con el A. Quizás fue ahí donde se forjó (todavía más) la constancia, una de sus mayores virtudes y la gran culpable de que haya logrado llegar a lo más alto. Eso sí, tanto ajetreo no ha permitido que haya seguido con los estudios, que es lo que a ella le hubiera gustado, pero tiene pensado retomarlos en algún momento. Quiere empezar algo, pero no sabe el qué. «El inglés me vendría genial para el fútbol y para la vida en general, pero, más allá de eso, no hay nada que me apasione tanto para estudiarlo y dedicarle tiempo como mi deporte.»

Ese amor por el fútbol forma parte de su presente, aunque el camino para llegar hasta aquí no ha sido fácil. Ha tenido momentos en los que la renuncia ha estado más que presente en su vida. Antes de subir al primer equipo del Valencia, por ejemplo, estuvo a punto de dejarlo.

Yo tenía catorce o quince años y, por aquel entonces, las porteras jugábamos media parte cada una, o un partido entero una, y la otra, el siguiente. Pero, claro..., a veces fallaba. Si me pasa ahora, ¿cómo no lo iba a hacer tan joven?

La Enith de catorce años también cometía errores (como todos) y, en un momento dado, dejaron de ponerla como titular. Eso para ella fue un golpe muy duro que le hizo plantearse si valía la pena estar pasándolo tan mal. Por suerte encontró la forma de motivarse y no solo no se dio por vencida, sino que volvió a recuperar las ganas de seguir jugando. Se necesita voluntad y fortaleza para superar los baches de la vida, aunque Enith sigue pensando que una de sus asignaturas pendientes es el trabajo mental.

Es muy fácil entrar en un bucle constantemente y acabar yendo a entrenar sin ganas. Y no me refiero a que me afecte lo que diga la gente de fuera, porque la afición puede señalarte, pero no está en tu día a día y no puede juzgarte de verdad.

Por eso, a día de hoy, su psicóloga forma parte de su vida, ya no solo para indagar en la parte deportiva, sino también en la personal, porque, como dice Enith:

Todas las personas deberían tener un psicólogo o psicóloga de confianza para alinear todos los ámbitos de su vida, porque, en nuestro caso, si falla uno, puede que se tambalee el resto.

Y es que la carrera de un deportista es como subirse a una montaña rusa de la que no bajas hasta el momento en el que te retiras, y por ahí pasa la mayor lección que ha aprendido Enith.

En un momento puedes estar en lo más alto de todo y de repente bajas de golpe, y es aquí cuando te das cuenta de que mucha gente está en las buenas, pero solo «los de verdad» se quedan en las malas.

Normalmente, los que forman parte de este último grupo acaban siendo la familia. La de Enith todos los domingos se comía una paella a la leña, obra de su padre. Pero, al aterrizar en el Valencia y empezar a jugar los domingos, llegaban tarde a casa, por lo que tuvieron que renunciar a este hábito familiar. No importaba si así uno de los miembros de ese núcleo tan fuerte podía cumplir uno de sus sueños. He de decir también que, cuando hablamos sobre esto, Enith me dijo: «La verdad, te soy sincera..., de pequeña no comía paella. Prefería el arroz tres delicias del restaurante chino, y mis padres se preguntaban cómo podía elegir el arroz con guisantes, zanahoria y tortilla antes que su paella a la leña». Aunque, por lo que me ha contado ella sobre su madre, ya podría darle una lista eterna de platos, que se los cocinaría seguro.

Si digo algún plato ahora mismo, el próximo día que me vea, lo hará seguro. Si yo hoy le digo que me ha gustado mucho el zumo de naranja que me ha preparado con cariño, mañana tendré un montón de zumo.

En ese momento pensé dos cosas: seguro que es la pequeña de la casa (bingo, es la menor de tres hermanos) y también que, si me decía algún plato y lo dejaba por escrito, su madre se lo prepararía tarde o temprano. Amparo, a tu hija se le antojó arroz negro con sepia. Me lo dijo el día 28 de diciembre, aunque, en este caso..., no era una inocentada.

Como tampoco lo fue la primera vez que la llamaron con la selección española absoluta, ni cuando recibió la noticia de que iría al Mundial.

La primera vez fui consciente a medias de la importancia que tenía ir convocada, porque veía el Mundial muy lejos y sabía que podían pasar muchas cosas. Pero, claro..., una vez que salió la lista definitiva, me emocioné muchísimo, al igual que mi familia. Fue la recompensa a todo el esfuerzo.

De esto último se enteró cuando venía de jugar un amistoso en Avilés con la selección. Llamó a la puerta de casa y, dentro, su madre estaba escuchando el anuncio de las jugadoras que iban a viajar a Nueva Zelanda.

Yo llegué a Valencia, fui a desayunar y, al llamar al timbre de casa, no me dio tiempo de nada. Empecé a recibir mensajes de «Enhorabuena, te dije que lo conseguirías» y yo no entendía qué estaba pasando, porque pensaba que la convocatoria salía una hora después. Hubo un momento en el que pensaba: «¿Enhorabuena por qué?», no me cuadraba nada. Y ya mi madre me dijo que sí, que había salido la convocatoria, y me quedé en *shock* y empezamos a llorar de la emoción.

En ese momento, Enith comprendió que todo había valido la pena, que todo el esfuerzo anterior se veía compensado por ir a una gran cita mundialista a nivel absoluto. Ella era consciente de lo difícil que sería llegar a tener minutos sobre el terreno de juego, pero estar en la lista definitiva ya era un sueño hecho realidad, una recompensa que le permitía escalar todavía más en su carrera profesional. La habían elegido por la exigencia previa en su forma de trabajar, por haber demostrado ser una portera de corte moderno, con buen juego de pies, por su mentalidad ofensiva, por saber incorporarse fácilmente a la salida de pelota y por haber sabido esperar su oportunidad con paciencia, sin dejar de lado el trabajo diario. Empezó a entrenar mano a mano con Misa Rodríguez y Cata Coll, de quienes aprendía de fútbol, pero también de autoconfianza y de trabajo mental. Desde que coincidió con Cata en las categorías inferiores «sabía que llegaría muy muy lejos y además me lo paso muy bien con ella» y, en el caso de Misa:

Hace años vino a Paterna cuando yo estaba en las categorías inferiores del Valencia y ella jugaba en el Atlético de Madrid. Y le dije: «Por favor, una foto». Lógicamente, ella no se acordaba, porque ya estaba acostumbrada a las fotos, pero años después se la enseñé.

Y, cómo es la vida, que aquella Enith que le pidió una foto a Misa acabaría compartiendo con ella un Mundial entero con sus idas y venidas, donde aprovechaba sus ratos libres para ver series y películas, hablar con la gente de España y pasear. Estar en la otra punta del mundo era toda una experiencia para todas las chicas del equipo, y ya no solo por el sueño hecho realidad de jugar en un Mundial de fútbol.

Con su trenza larguísima y su cara de concentración, Enith fue superando entrenamiento tras entrenamiento hasta llegar a la esperada final.

Con el silbato final, lo primero que hice fue gritar, llorar y correr, todo a la vez. Fue un momento muy bonito porque además allí estaban mi madre, mi hermano y mi pareja.

La estrella también fue suya, porque, pese a no haber jugado en todo el Mundial, cada una en el equipo tenía un papel y Enith hizo perfectamente el trabajo que se le pedía y se esforzó como la que más, día a día, para estar siempre lista por si la necesitaban.

Obviamente, creo que a todas nos hubiera gustado jugar más. Muchas han jugado prácticamente todo, otras a lo mejor no han jugado y yo... pues no he jugado nada, pero estoy muy muy agradecida. Es algo que tenía asumido desde un principio, pero creo que lo llevé superbién en ese sentido. Yo al final fui y disfruté muchísimo. Tuve mis momentos de bajón, pero para nada era por el motivo de jugar o no jugar.

El caso es que la Gata se colgó una estrella. Sí, la Gata, aunque, como me comentó Enith: «Empezaron a llamarme así por cómo jugaba bajo palos cuando era más pequeña, aunque ahí se quedó». Esa que nunca comenta las manías que tiene (aunque son muchísimas), porque «sabemos que existen, sabemos que están..., pero no se cuentan». La que alguna vez ha pintado lienzos sin tener una idea premeditada sobre el resultado final, la que se ha atrevido con la cerámica haciendo una taza de Groot que no puede utilizar porque no tiene una forma cómoda para beber y la que..., sí, es una fan absoluta de Marvel. Porque, como había indicado más arriba, le encanta coleccionar cosas. De hecho, cuando era pequeña coleccionaba Gormiti. Y, aunque su película favorita es *El rey león,* tiene infinidad de Funkos de Marvel: «He tenido cincuenta o así, pero también me ha tocado vender alguno. El día que me independice tendré una habitación para ellos». De momento no ha querido comprar de otras franquicias más allá del mundo de los superhéroes, porque sabe que sería su perdición, pero tiene claro que sus favoritos son Bruja Escarlata, Viuda Negra y Spiderman. Como dice Enith:

> Me gustan tanto los superhéroes como los villanos. Siempre optas por los primeros, pero hay historias en las que te fijas que tanto unos como otros se mueven a través del dolor, y es un poco lo que nos pasa a las personas. Luego ya depende de lo que hagamos con ese dolor, pero podríamos aplicarlo a la vida. Obviamente no tendríamos superpoderes, pero dependería de ti o de mí entender las cosas que nos pasan, vivir momentos complicados y a partir de aquí decidir cómo lo gestionamos.

Ella quizás no lo sabe, pero si la gente jugara a ser superhéroes, muchos elegirían ser Enith Salón.

14

LAIA CODINA

Las ideas claras y el alma de defensa

Fecha y lugar de nacimiento	22 de enero de 2000, Campllong (Girona)
Posición	Defensa
Equipo actual	Arsenal F. C.

A principios de agosto de 2023, estando en el Mundial, cotilleé las redes sociales de las jugadoras de España. No recuerdo qué buscaba exactamente, lo que sí que sé es que aquel día ellas lo tenían libre después de haber ganado por 1-5 el partido de octavos de final contra Suiza. Pensé que si colgaban fotos o vídeos de algún sitio interesante que fuera bonito de visitar, podría apuntarlo y decírselo a mis compañeros, por si nosotros también teníamos algún huequito libre. *Spoiler:* no pasó. Después de ver fotos de algunas jugadoras, me paré y analicé la última que había subido Laia Codina. Salía junto a su hermana Mariona, que estaba en Nueva Zelanda visitando... ¿una granja de vacas? ¿Era eso posible? Con la de cosas que hay para ver estando en las antípodas, ¿de verdad habían considerado que la mejor opción era ir a ver vacas? Oye, no seré yo quien las juzgue, pero tenía que investigar. Al cabo de un par de días, pude hablar con ella y, después de preguntarle por la parte deportiva, fui a la duda que me acechaba:

—Laia, ¿tú y tu hermana fuisteis a ver vacas aquí, cerca de Wellington?

Empezó a reír mordiéndose las uñas y dijo:

—¡Sí! A mi padre no le gustan las ciudades y, desde que supe que venía a Nueva Zelanda, me puse a buscar granjas para ir a visitar. Nosotras fuimos con él porque estando aquí le hacemos de traductoras en cierto modo y, bueno, que también nos gusta ir a ver las granjas. Al final fue como pasar un domingo como los de casa, pero en Nueva Zelanda.

Es que hasta sus compañeras me comentaron: «¿Has visto a esta? ¡Se ha ido a ver vacas! Menudo personaje es. ¡Pero si las tiene en su pueblo cada día!». Y es que, claro, su padre tiene una granja con bastantes de ellas, aunque durante esos días le quedaban un poco lejos y quizás las echaba de menos. ¿Dónde se encuentra? En su Campllong (Girona) natal, dónde si no.

Laia se siente orgullosa de ser de pueblo porque dice que:

Gran parte de la personalidad que tengo ahora mismo se lo debo a eso. También es verdad que Campllong tiene dos calles y poco más. Tenemos un bar en el pueblo donde te encuentras a todo el mundo y ya está, pero me encanta decir que soy de Campllong. Es un pueblo muy pequeño donde todos nos conocemos, he crecido allí.

Lo que es innegable es que tiene el privilegio de haber nacido en medio de un entorno natural, donde el color verde de los campos es el protagonista. Sea más grande o más pequeño, su pueblo es el lugar donde empezó todo y a donde Laia se escapa en cuanto puede para tener la sensación de que su mente resetea. Allí de pequeña cogía la bici, pasaba tiempo con su hermana y desconectaba de todo.

Yo siempre digo que no he tenido mejor infancia que otra, pero sí que ha sido un poco diferente. A veces alguien se puede reír si les digo que no vi ninguna película en el cine, pero quizás me pasaba horas jugando en la calle con los amigos o en la granja y todo el mundo sabe que eso era lo que realmente me hacía feliz.

Sus padres y su hermana no eran muy aficionados al fútbol, pero Laia ya lo era por los cuatro. Desde pequeñita le llamó la atención Carles Puyol (exjugador del Barça), porque dice que se identificaba mucho con él.

Siempre lo daba todo, luchaba, pero lo llevaba de forma interna, tenía el ADN Barça, si era necesario romperse algo en pro del equipo, lo hacía... Siempre pienso que yo no tengo miedo y que también soy un poco como él en el sentido de que, si tengo que darlo todo, lo haré sin miramientos.

Creo que no te sorprenderá si te digo que ya desde pequeña empezó a jugar de defensa, como Puyol. No experimentó cambios de posición conforme fue creciendo ni se planteó que lo suyo era marcar goles y no defender cerca de su área. Tenía un ídolo, tenía las ideas claras y, como dice ella: «Normalmente se empieza por las posiciones de arriba del todo y vas tirando hacia atrás, y como yo lo haga..., solo me quedará la portería».

El Cassà fue su primer equipo, y le permitió aprender los valores de un club pequeño. Facilidades, pocas. Si quería algo, tenía que luchar para ganárselo. Podía pasarse horas mirando partidos de fútbol, entrenando y disfrutando junto a sus compañeros. Pero no todo fue bueno. Laia no olvida que tuvo que escuchar, como les pasaba a casi todas nuestras protagonistas, comentarios negativos por parte de otros padres. Hay uno que a día de hoy recuerda a la perfección: cuando jugaba, ella llevaba coleta, y un día una madre dijo en pleno partido: «Le cortaré la coleta a esa niña». Quizás para un adulto puede ser un comentario cualquiera, pero a los niños cualquier cosa puede marcarles, aunque a nosotros nos pueda parecer absurdo. A la vista está. Pese a ello, Laia siguió adelante, recorriendo su propio camino. Cuando con nueve años iba a hacer la comunión y le preguntaron a quién quería invitar, ella dijo que a sus compañeros del equipo de fútbol.

Un par de años después de aquello, su salud mental comenzó a flaquear. Sus padres decidieron llevarla a una psicóloga para tratar su ansiedad. Por aquel entonces empezó a costarle salir de casa, estaba muy nerviosa y tenía miedo al error. El pánico a fallar le impedía hacer muchas cosas y la bloqueaba en un círculo vicioso que solo la terapia logró romper. Estoy segura de que el aprendizaje de ese trabajo con los especialistas lo pudo aplicar en su vida deportiva y más cuando, solo tres años después, el Barça llamó a su puerta.

En aquel momento, ella sabía que afrontaba su último año jugando con niños y que debía buscar otras opciones para seguir su andadura en el fútbol. Había varias: Manlleu, Estartit, Vic... Pero no imaginaba que su futuro inmediato podía pasar por Barcelona. Le mandaron un correo con una propuesta, donde sugerían que fuera a entrenar dos días a finales de 2014 para ver cómo se sentía y que a la vez el Barça valorara si su futuro y el de Laia podían ir de la mano. Les gustó lo que vieron y entró a formar parte del club de su vida.

Nunca había jugado con niñas. Piensa que al final llevaba unos diez años jugando solo con niños y para mí fue impactante. A algunas de las del equipo las conocía de la selección catalana sub-12, y eso también ayudó a que me integrara más rápido. Flipé cuando vi las instalaciones, nada que ver con las del club de donde venía.

Ella, que era socia desde pequeña, tan apasionada que hasta su familia puede confirmar que la han visto llorar cuando el Barça perdía, pasaba a formar parte de su cantera. El primer año fue muy duro para ella y en varios momentos se dejó vencer por la presión, pues se había visto obligada a dejar atrás a su familia y el ambiente rural en el que había crecido, y pasar de un pueblo de un par de calles a una urbe como Barcelona supuso un cambio demasiado drástico. Sin embargo, durante su segundo y tercer año viviendo allí, empezó a crecer como futbolista y sus miedos se fueron diluyendo. A pesar de que seguramente no quiera recordar mucho de aquel primer año, creo que en estos casos es importante ver de dónde venimos y hasta dónde hemos llegado para ser capaces de admirar nuestra evolución y sentirnos orgullosos de ella.

Laia aprendió lo que era el fútbol profesional en el Barça y también a desarrollar el ADN de ese club en sus botas, aunque lo conocía de sobra después de haberlo seguido toda su vida. En 2021 le tocó vivir lo que yo llamaría un «Erasmus deportivo», porque tuvo que cambiar Barcelona por Milán. Tuvo una lesión en la rodilla que la dejó fuera de los terrenos de juego durante seis meses y, cuando volvió a entrar en la dinámica habitual del equipo, se dio cuenta de que se encontraban en un momento de la temporada donde todo estaba a punto de terminar, sus compañeras estaban rodadas, y ella no. Tenía la necesidad de «sentirse jugadora» y acumular más minutos sobre el terreno de juego, por lo que decidió que lo mejor era irse fuera. Italia tenía una liga con un nivel que quedaba en medio de la inglesa y la española. Eso, sumado al idioma y a la sensación que tenía Laia de que la adaptación sería más fácil, hizo que eligiera ese destino.

Las primeras semanas fueron bastante críticas, porque me alejé de todo el mundo, veía poco a mis amigos y el proceso fue un poco duro, pero la ciudad me gustó y las compañeras me acogieron muy bien.

Milán, entre otras cosas, le enseñó a mirar dos veces una botella de agua antes de comprarla para no llevarse varios litros de agua con gas a casa sin pretenderlo, porque allí beben mucha *acqua frizzante,* y también la palabra *cucciola,* que acabaría formando parte de su diccionario diario. Allí utilizan mucho este término como una muletilla tierna para decir 'pequeña', 'cosa bonita'. También me atrevería a decir que algunas de sus compañeras todavía deben de acordarse de sus enfados. De entrada, tengo que advertir que Laia es de las que se cabrea bastante jugando y, de hecho, ya desde pequeña se le escapaban algunos insultos. En Milán, los que soltaba de vez en cuando eran en catalán, pero, como el resto no la entendía, lo único que hacían era reírse, aunque intuían que no estaría diciendo nada bonito. Volvió a Barcelona con un nivel de italiano muy superior al «nivel Duolingo» del inicio (es la plataforma que utilizaba para aprender). Puedo dar fe de que su italiano era muy bueno, porque, cuando la selección española estuvo en Salerno a finales de octubre de 2023, pude entrevistar a Laia y al final de la charla soltó una frase en ese idioma. No tengo ni idea de lo que dijo, pero su pronunciación y su expresividad hacían que pareciera una nativa. Si quiere dedicarse al periodismo, los idiomas le vendrán fenomenal. ¿Cómo? ¿Periodismo? Efectivamente.

«Más allá del fútbol es otra cosa que me encanta, es totalmente vocacional. Sí que me veo siendo periodista dentro de unos años, me gusta mucho.» Mira que a mí me encantaría tenerla de compañera, pero ella lo que desea es dedicarse al periodismo político y allí... no me va a encontrar.

De momento la carrera la tengo un poco en *stand by*. No me gusta mucho decirlo, porque lo que quiero es continuarla, pero es complicado con el ritmo que llevo ahora mismo. Tengo primero y segundo de carrera y sé que voy a seguir con ello en algún momento, seguro. Pero espero no necesitar el título hasta dentro de muchos años, porque significará que en el fútbol me va bien.

En casa de sus abuelos siempre sonaba la radio, así que no es de extrañar que sea el medio de comunicación que le ha robado el corazón. Es oyente, y cuando tuvo la ocasión de probarse en las clases de la universidad, le gustaron sus sensaciones. De momento vive mucho el fútbol y le dedica muchísimas horas porque tiene los objetivos clarísimos y, si no da el cien por cien en todo lo que hace, no se siente a gusto, porque cree que es lo mínimo que merece la gente que la rodea. Además de su esfuerzo, también les regala alegría y positividad. Sus compañeras de selección creen que ella es sinónimo de felicidad, de las que contagian su sonrisa a todo el mundo y la primera en buscar soluciones cuando hay un problema. Si analizamos las relaciones personales que se han establecido entre las campeonas del mundo, tengo que destacar la que tienen ella y Jenni Hermoso. El cariño que hay entre las dos es más que evidente, como me confirmó Jenni durante el Mundial:

> Laia ha sido fundamental durante todo el campeonato. La verdad es que la he tenido en el Barça y tengo una conexión única con ella, con muy pocos puedo tener algo así. Me conoce sin hablar ni una palabra, sabe lo que pienso y lo que necesito.

Laia también dijo sobre ella que «era muy especial, su mejor amiga en la selección. Nos ayudamos mucho y, además, somos muy alegres las dos». No quiero ser yo quien rompa la magia de este momento tan bonito, con halagos de una hacia la otra y viceversa, pero, conociéndolas, seguro que ambas estuvieron un buen rato riendo una vez finalizó el encuentro de octavos de final contra Suiza, el día del debut de Codi en el Mundial. Después de ganar y clasificarse para los cuartos de final, pude hablar con ella y preguntarle por una jornada tan especial, aunque también «accidentada».

—Que estaría en el once titular me entero al cien por cien más o menos la misma mañana del partido, pero durante la semana al final vas viendo cositas y sabes que la oportunidad está ahí —me dijo ella.

—Oye, por curiosidad..., ¿cuáles son esas «cositas»?

—Algún ejercicio me tocó hacer con Irene Paredes, que al final es la central indiscutible de la selección. Oye, yo encantada. Al ver la alineación, he pensado: «Blanco y en botella».

—¿Y qué tal los nervios?

—Bueno, estaba tranquila, la verdad. Sabía que era un partido importante para la historia y para España, pero al final lo hemos podido resolver bien.

Bien, pero con un susto mayúsculo que, por suerte, quedó en nada. Aitana Bonmatí había marcado el 0-1. Laia estaba siendo presionada por una rival y decidió retrasar el balón hacia Cata Coll. Lo que Laia no había valorado era que Cata, en realidad, se encontraba bastante lejos y desde esa posición adelantada, no logró llegar al balón a tiempo, lo que acabó con el esférico yendo derecho al fondo de la red. Debut y gol en propia puerta. A mí en ese momento me supo fatal por ella, me dolió más cómo pudiera sentirse que el empate. Sus compañeras fueron a consolarla, el partido siguió avanzando y, por suerte, no solo se consiguió la victoria, sino que uno de los goles a favor fue de ella, que pudo resarcirse y comprobar cómo todo el mundo lo celebró como si se tratara del tanto decisivo de una final. Nos alegramos mucho por ella, porque no merecía irse al hotel de concentración con un mal sabor de boca. Puesto que la historia tuvo un final feliz, las bromas no tardaron en aparecer.

—¿Se han metido mucho contigo? —le comenté.

—A ver, alguna broma ha caído —contestó riendo—. Hasta me dicen que voy a pasar a la historia por ser la cuarta jugadora que se ha marcado en propia y a favor en un mismo partido. Pero, bueno, oye, espero que sea la primera y la última vez, la verdad.

Bromas aparte, ponte en su situación. Partido decisivo, eres la responsable del empate y tienes que resetear la mente para seguir dando la talla y luchar junto a tus compañeras. No es nada fácil, solo las que han trabajado muy bien a nivel mental pueden demostrar todo su potencial.

Yo pensé: «Vale, Laia, ya está, ya ha pasado y no puedes hacer nada». La única posibilidad era seguir adelante y hacerlo lo mejor que sabía, porque llevaba todo el año trabajando para poder disfrutar de esos minutos en el Mundial. Pedí perdón al equipo cuando pude y mis compañeras me arroparon muchísimo. En la jugada que hubo después, que fue un córner, aprovecharon para acercarse y decirme: «Venga, va, Laia, ya está. No pasa nada, nos puede pasar a todas. Ánimo, que vamos con todo», y eso te ayuda a recuperar la calma.

Lo hizo y demostró por qué le encanta la responsabilidad defensiva, la presión que genera su posición y cómo resuelve y disfruta de todas las acciones clave del partido. No sé si celebró el título con ratafía, un licor dulce elaborado a partir de la maceración de distintos frutos, hierbas y especias típico de Girona, pero en las semifinales de la Champions de 2021 les dijo a sus compañeras del Barça que, si ganaban contra el PSG, se comprometía a darles ratafía y cumplió. Cuando se clasificaron para la final apareció con una botella en el campo. En Nueva Zelanda, desde luego, no vimos nada «sospechoso», pero, claro, era el día de la culminación al trabajo de toda una vida, no hacía falta nada para sentirse eufóricas. Quizás la Laia pequeñita no imaginaba alzarse con el título de campeona del mundo, pero resultó ser una perla precoz con garra, personalidad y liderazgo, que ha pasado a formar parte de la historia del fútbol español.

15

EVA NAVARRO

Una historia de superación

Fecha y lugar de nacimiento	27 de enero de 2001, Yecla (Murcia)
Posición	Delantera
Equipo actual	Atlético de Madrid

Mucho se habla de que la infancia es la época más bonita del ser humano. Libre de preocupaciones, de miedos por el futuro, de responsabilidades... Pero, si hacemos un poco de introspección, es probable que todos tengamos recuerdos que, de una manera u otra, contradicen esa creencia. Sí, por supuesto, esa inocencia y esa ilusión por la vida son incomparables a nada que podamos experimentar como adultos. Pero tampoco estábamos libres de cargas ni de miedos. Yo, por ejemplo, cuando iba al colegio y tenía una semana muy intensa de deberes y exámenes, los días en los que tenía alguna actividad extraescolar eran un dolor de cabeza, porque entre que iba, hacía la clase de idiomas o el entrenamiento correspondiente y volvía a casa, ya había «perdido» toda la tarde y me ponía manos a la obra poco antes de cenar. Esos ratos de trabajo se alargaban, lo que suponía que me fuera a dormir más tarde de lo habitual. La vida va evolucionando y las actividades van cambiando: el tenis por el baile, las clases a las cinco de la tarde por las de las ocho... Cada vez, me atrevería a decir, complicamos más una época de la vida que debería tener mucha más libertad. A día de hoy, una organización impecable es fundamental para que todo salga adelante. Dicho esto, imagina que, aparte de todas tus obligaciones como niña o niño, tuvieras que jugar en tres equipos a la vez. Te doy la bienvenida a la vida de Eva Navarro.

A Eva siempre le ha gustado practicar deporte y, por aquel entonces, sus dos pilares eran el fútbol y la natación. El primero de los dos fue el fútbol sala, en el que se inició de pequeña en torneos de verano con sus amigos. Pero la natación también le encantaba, aunque, en ese caso, se trataba más bien de un *hobby,* que disfrutaba en la piscina con sus amigos. «El tema está en que llegó un momento en el que me querían federar —me contó Eva—, y tuve un dilema, porque tenía que elegir, no podía combinarlo todo.» La opción ganadora fue el fútbol, porque, en sus propias palabras, «este deporte es mi vida». Tanto es así que jugó simultáneamente en:

1. Un equipo femenino de Yecla (Murcia), su ciudad.
2. Un conjunto masculino, también de Yecla.
3. Un equipo de Pinoso (Alicante).

Los tres eran de fútbol 7 y «acababa un partido, íbamos a Murcia centro a jugar, participaba en otro encuentro y, si me daba tiempo de competir en un tercero, lo hacía al día siguiente». Sencillamente admirable. Yo estaría agotada después del primero.

A ver, yo me paro a pensarlo y, la verdad te digo, no sé en qué momento hacía esa locura. No sé ni cómo aguantaba. Tenía siete u ocho años, pero lo miro con perspectiva y no lo entiendo.

Sus padres fueron la pieza clave del engranaje, porque que Eva fuera de aquí para allá implicaba que ellos la acompañaran y recorrieran los kilómetros que fueran necesarios. Lejos de mejorar, la situación «empeoró» cuando fichó por el SPA femenino de Alicante. «Estuve cuatro años subiendo todos los días desde mi casa. Eran 102 kilómetros de ida y vuelta a Yecla y me llevaba mi padre.» Vivió la misma situación que otras de sus compañeras de la selección: salía del instituto y aprovechaba los trayectos para estudiar y hacer los deberes.

Como entrenábamos por la tarde-noche, yo esperaba a mi padre en casa, él salía de trabajar, venía directo sin descansar ni nada y nos íbamos a Alicante. Piensa que volvíamos todos los días a las doce de la noche.

Eso significaba un esfuerzo enorme para Eva, pero también para Cayetano, su progenitor. A él no le importaba, pero le puso una condición.

Me dijo que ellos me apoyarían hasta el final y que me llevarían todos los días donde hiciera falta, pero también que él sabía que yo quería llegar a nivel profesional y a lo más alto, y que para conseguirlo tendría que trabajar, trabajar y trabajar. Ellos me ayudarían en todo, pero yo también tenía que demostrar que eso era lo que quería.

El camino no fue fácil. Como todas nuestras jugadoras, Eva tuvo que enfrentarse a una sociedad que aún no veía con buenos ojos que una niña prefiriera el fútbol a las muñecas o a las cocinitas. Todavía hoy recuerda un momento en el que, con cuatro años, quiso jugar un partido con los chicos y ellos no se lo permitieron.

Me puse bastante mal, empecé a llorar y los padres que estaban allí dijeron: «Oye, dejad que la niña juegue, que no pasa nada, aunque el resto sean chicos». Al final, tuve la suerte de que me dejaran y fui pichichi y la mejor jugadora de la liga con ellos. La verdad es que lo recuerdo como una infancia muy bonita.

No fue un caso aislado, claro, y cuando creció y cambió a otra categoría, jugando en el Pinoso, algunos no pudieron soportar que fuera la máxima goleadora de una competición masculina. La envidia los corroía y los padres de algunos de sus rivales le regalaron «piropos» tales como «las chicas a fregar».

Son comentarios que a día de hoy los dices y pueden tener sus consecuencias, pero antes, no. La verdad es que pasé por momentos malos, pero no me paré a pensar en eso y yo seguí. Dejé que mis padres hablaran con quien tuvieran que hablar, porque siempre eran los mismos, y yo me centré en lo mío.

Eva tenía muy claro el camino que quería seguir y, con la invaluable ayuda de sus padres, lo fue recorriendo sin detenerse. En las paredes de su habitación, para inspirarse, tenía colgado un póster de Santiago Cañizares.

Mira que es portero, pero siempre me ha gustado mucho el Valencia. Tenía uno de él, de David Villa, de Soldado..., pero él me gustaba mucho como jugador, una cosa curiosa teniendo en cuenta mi posición, la verdad. He coincidido con Villa, que vino un día a grabar algo en las instalaciones del Atlético de Madrid y pude hacerme una foto con *él. También coincidí con Soldado, porque mi tío conocía a un amigo suyo y me firmó un cuadro. Pero a Cañizares, no, me encantaría conocerlo, la verdad.*

Una asignatura pendiente que ojalá se cumpla pronto, porque sería el momento en el que la Eva adulta y la preadolescente se reencontrarían. Pero hablando de Valencia, precisamente fue allí donde se trasladó para seguir avanzando en el mundo del fútbol una vez que fichó por el Levante, y eso que aún era menor de edad. Fue en ese momento cuando se dio cuenta de que estaría en un equipo grande con jugadoras que podían ayudarla a crecer:

El primer año no eres consciente de que estás sola, independizada, sin tus padres, que ya no tendrán que llevarte a entrenar; estás siempre contigo misma y nadie más... Pero tuve la suerte de compartir piso con Ona Batlle y Maitane López. Si pienso en Ona y en mí en esa época, éramos uña y carne, porque nos apoyábamos la una a la otra. Con Maitane..., solo te digo que pasamos la cuarentena allí porque no pudimos irnos a nuestras casas.

—Encerradas en casa, con la incertidumbre y los nervios de la época, ¿os amasteis u... os odiasteis? —le pregunté.

—No acabamos tirándonos de los pelos de milagro, la verdad. Intentábamos hacer cosas para distraernos. A ella le dio por pintar, pero rollo pintar cuadros a las cinco de la mañana. Y yo me arreglaba y me iba al coche, pero para escuchar música. Obviamente, no podía moverlo ni nada, pero es que la cabeza no sabía ni qué hacer. Supongo que era aquel momento de «Maitane, necesito no verte durante un rato», porque al final de la cuarentena llegamos a un punto en el que ya no nos aguantábamos. Además, yo quería irme a mi casa, estar con mi hermano..., pero hicimos lo que pudimos.

Los dos primeros años de Eva en el Levante fueron muy buenos en el plano futbolístico. Sin embargo, quién iba a decirle que la cuarentena no sería lo más duro que tendría que superar a nivel mental. A finales de febrero de 2021 llegó la peor lesión posible en el momento más inoportuno, pues estaba jugando ya en una categoría muy alta. En el entrenamiento previo a un encuentro frente al Sporting de Huelva, notó que algo no iba bien, nada bien. Después de someterse a las pruebas pertinentes, se confirmaban los peores presagios: rotura del ligamento cruzado de su rodilla izquierda. El calvario ya te lo puedes imaginar, y la dureza del proceso de recuperación, también.

Tras casi ocho meses apartada de los terrenos de juego, reapareció sin saber que todavía no podía cantar victoria. Un mes y medio después de sentirse futbolista de nuevo, jugó contra el Alavés. En el minuto 80, Eva Navarro recibió un balón, giró y añadió una bicicleta a la acción, superó con caño a una de sus rivales, pero la jugada se detuvo ahí. Se quedó tumbada sobre el césped diciendo que no con la cabeza. La rodilla, otra vez. ¿Por qué? ¿Qué había pasado? El problema fue que, durante la primera intervención quirúrgica, para reconstruirle el ligamento utilizaron tejido de los tendones de los músculos isquiotibiales para realizar una plastia, como se suele hacer. Pues en la segunda lesión, esa plastia se rompió parcialmente y, cuando eres deportista profesional, no puedes seguir jugando en esas condiciones. Tenían que volver a operarla, no había discusión, y en esa segunda intervención lo limpiaron todo y cogieron el tejido del tendón rotuliano.

Viví la peor cara del fútbol, pero también aprendí a valorar cosas que antes no apreciaba. Me enfoqué mucho en trabajar para evitar este tipo de situaciones, pasé muchas horas pensando en mí, conociendo mi rodilla, mi cuerpo y descubriendo qué tenía que hacer para volver al nivel en el que me encontraba antes de todo esto. Tenía mucho miedo de volver y no ser la Eva de siempre, la que había demostrado ser antes de la lesión.

Yo me interesé por la parte mental de todo este proceso y centré mis preguntas en este tema. Imaginaba que, si ya era duro haber tenido que demostrar fortaleza mental en una ocasión, con la segunda, el esfuerzo tendría que haber sido el triple. Lo que no esperaba fue su respuesta:

Fue complicado porque..., bueno, mira, a día de hoy nadie lo sabe. Cuando yo me lesioné de mi primer cruzado, pasé por una crisis de ansiedad que me duró hasta que fiché por el Atlético de Madrid.

Aquellas eran palabras mayores, así que en ese momento abandoné por completo mi faceta más «periodística» y, mientras me contaba esto en la sala de prensa de la Ciudad Deportiva del Atlético de Madrid, lo único que pude hacer fue empatizar con lo que había sentido y escuchar. Sobre todo, escuchar.

—Yo no podía salir sola a la calle. No por la rodilla ni nada, sino porque cogí muchos miedos. No tenía el fútbol, y eso era lo que me daba todo. Quieras o no, a nosotras nos permite despejarnos, muchas veces nos olvidamos de nuestros problemas, y además se le sumaba que tenía un tipo de lesión que me hacía estar todo el rato pensando. Empecé a encerrarme en mí y tuve agorafobia, aquella sensación de tener miedo de salir a la calle. A veces cogía lo que necesitaba para irme, hacía el intento de salir y no podía y volvía a entrar. Incluso era incapaz de coger el coche sola, eso quiere decir que tampoco podía irme a mi casa, a Yecla, que la tenía a una hora y cuarto de distancia. Pasé por una época muy muy mala —me contaba Eva. Sus ojos iban de los míos al suelo y de nuevo a los míos con nerviosismo.

—Pero ¿tus padres sabían por todo lo que estabas pasando?

—Ellos me ayudaron, pero había muchas cosas de las que me pasaron por culpa de la ansiedad que no sabían. Te diría que ni la mitad, pero no por nada, sino porque ellos estaban lejos y no les quería preocupar. Ya tenían suficiente pensando que tenían a una hija que estaba en Valencia sin ellos y lesionada, no quería que además tuvieran que añadir un elemento más como la ansiedad. La que sí que lo supo todo fue mi pareja, que estuvo apoyándome todo el tiempo y no me dejó sola en ningún momento. Yo me paro a pensarlo ahora y, jolín, no me aguantaba ni yo. Imagínate la otra persona.

Creo que es importante leer y releer esto último, porque es vital no restar importancia a lo que uno siente, a nuestros problemas o a nuestras preocupaciones. Si algo nos duele, nos bloquea y nos condiciona, quiere decir que para nosotros es importante, y es esencial no infravalorarlo. Solo así la gente que nos rodea, que nos aprecia y nos quiere, tendrá las herramientas para ayudarnos. Eva acudió al psicólogo del club cuando se lesionó, pero cuando llevaba varias sesiones con él vio que no era la persona adecuada para ayudarla. Los problemas que tenía no solo se centraban en su rodilla, iban mucho más allá. Entonces tomó la decisión de acudir a una psicóloga de Valencia.

—Me ayudó bastante y pude ir superando los problemas. Llegó un punto en el que veía cualquier enfermedad en los otros y yo pensaba que también la padecería. También es cierto que viví muy de cerca lo que le pasó a Virginia Torrecilla —le diagnosticaron un tumor cerebral en 2020— y pensaba: «Tú tienes ansiedad, pero lo que está pasando ella es muy *heavy*. Si ella lo está superando, yo tengo que cambiar como sea».

—¿Le has contado alguna vez a Virginia que para ti fue un ejemplo en este sentido?

—Sí, ella lo sabe, porque tenemos muy buena relación. Además, también le conté que, cuando ella estaba pasando el cáncer, yo empecé a pensar que yo también lo tenía. Cualquier dolor me asustaba y me comía la cabeza. Casi no hacía vida social. Si tenía una conversación con una persona, me ponía nerviosa y decía que me tenía que ir. He dejado plantada a mucha gente al notar que empezaba a tener ansiedad.

—¿Qué te recomendó tu psicóloga?

—Que le contara el problema a mi pareja y a mis padres. Me dijo que tenía que asumir que tenía ansiedad, que no podía salir a la calle y que le pusiera cara al fantasma que me estaba persiguiendo. Tenía que plantarle cara y decir: «No, no lo voy a esconder más. No voy a sentirme indefensa. Tengo que afrontarlo».

Me asombraba escuchar su explicación, y casi inevitablemente lo extrapolaba a mis propios miedos. Estoy segura de que, si tú tienes alguno, te habrá pasado lo mismo. En mi caso, yo también tuve una época en la que me «victimizaba» contándole a la gente que era aerofóbica, pero no ponía solución y no afrontaba el problema. Tenía un miedo, lo expresaba, pero no trabajaba para acabar con él. Estando con Eva, compartiendo todo aquello, me di cuenta de que muchas veces la base de los miedos es la misma, aunque no tengan nada que ver. Cuando Eva fichó por el Atlético de Madrid, me dijo: «Abrí mis ojos, abrí mi mente y llegué a Madrid y "desapareció"». Afortunadamente, ahora tiene la ansiedad muy controlada, aunque...

A lo mejor, cuando hay algún problema en casa o cualquier cosa que se salga de la línea en la que estoy ahora, la ansiedad quiere aparecer. De un modo u otro, siempre va a estar, pero la tengo muy afrontada, convivo con ella y la sé controlar.

El Atleti confió en Eva, aunque hubiera estado sin jugar por culpa de la lesión. No es de extrañar, y es que se trata de una de las futbolistas más veloces y técnicas del grupo, es polivalente, tiene regate y va bien de cara a gol. Por este motivo se apostó por ella para ir al Mundial.

Para mí fue un premio a todo el trabajo que llevaba detrás. Justo iba con mi pareja a comprar [a un supermercado] cuando saltó la notificación con la convocatoria. Estaba allí en la puerta, justo antes de entrar, y vi que estaba mi nombre. Imagínate, me puse a llorar, mis padres me llamaron llorando y me dijeron: «Madre mía, hija, lo que has conseguido. Estás en un Mundial, da igual que juegues o no juegues, pero vas a ir. Disfrútalo porque esto no ocurre todos los días».

Ellos no pudieron asistir a la gran cita por trabajo, pero fueron su pareja, la madre de su pareja y el hermano de Eva:

Que estuviera él allí para mí fue una satisfacción. No estaban mis padres, pero estaba él. Al final el que me inculcó el fútbol desde pequeñita fue él, y verlo en la grada fue un orgullo increíble y una emoción muy grande.

El destino quiso que el primer partido que su hermano vivió *in situ* fuera el de su debut. «Nunca me había visto jugando a nivel profesional en directo, porque él trabajaba y jugaba los findes, así que era complicado que viniese y pudiera verme.» Lo hizo en el 5-0 ante Zambia, donde además Eva pudo dar dos asistencias. «Me dijo: "Si llegas a meter un gol, salto al campo". La verdad es que ese día fue muy grande.» Por suerte, Eva Navarro vuelve a ser la persona enérgica, vital y positiva de antes, la que de buenas a primeras se muestra vergonzosa, pero que en realidad es una de las más bromistas. Lo ha conseguido gracias a su esfuerzo, su determinación y su tenacidad. Pensaba que nunca saldría del túnel en el que se encontraba, que sus lesiones y la ansiedad la acompañarían para siempre, pero su constancia ha valido la pena. No solo vuelve a ser la Eva de antes, sino que se ha convertido en una versión mejorada que le ha permitido disfrutar todavía más del fútbol y, como consecuencia, celebrar con regocijo la conquista del Mundial. Pasa a la historia no solo como campeona del mundo, sino también como ejemplo de superación y de fortaleza.

16

MARIA PÉREZ

Grandeza sin límites

Fecha y lugar de nacimiento	24 de diciembre de 2001, Sant Fost de Campsentelles (Barcelona)
Posición	Centrocampista
Equipo actual	Sevilla F. C.

Érase una vez, hace unos cuantos años (aunque tampoco muchos), una niña que quería ir a jugar un partido de fútbol, pero no se le daba muy bien hacerse una coleta. Su padre no podía ayudarla, porque, aunque se mostraba predispuesto, no tenía un gran talento innato para los peinados creativos. Por suerte, aquella niña tenía la fortuna de contar con una peluquera en la familia: su madre. No solo antes de aquel partido, sino de todos, se iba a su peluquería, se sentaba en una de las sillas y dejaba que aquella hada madrina la peinara y le pusiera dos cintas en el pelo: una de color verde y otra de color blanco. Ese complemento tenía una doble finalidad. La primera, que las cintitas estuvieran conjuntadas con la equipación que llevaba, y la segunda (y la más importante), poder ayudar a sus abuelos. Si ella llevaba una coleta sin más, ellos «no localizaban a la niña» en el campo, así que, añadiendo ese elemento a su peinado, podían seguirla durante todo el partido. Ella jugaba en el equipo de su pueblo, Sant Fost de Campsentelles (Barcelona) y, aunque por aquel entonces algunos la conocían como «la hija de la peluquera», hoy todo el pueblo la conoce ya como Maria Pérez, campeona del mundo.

Tengo que decir que Maria es una de las jugadoras con quien he tenido las charlas post-Mundial más largas. Estuvimos muchísimo más rato del que habíamos previsto (perdón, Maria), y es que, cuando dimos la charla por finalizada, no solo tuve la sensación de haber podido descubrir muchísimas cosas sobre ella, sino que me sentía como si hubiera estado conversando con una amiga. Reímos mucho juntas, y me hizo partícipe de buena parte de su vida, como la de su primer contacto con el mundo del fútbol. «A mí me gustaba mucho jugar en el patio del colegio —me contó—, aunque yo realmente empecé por mi hermano.» Él tiene casi dos años más que ella y, cuando eran pequeños, le apasionaba el fútbol. Si él tenía un balón en los pies, Maria siempre salía corriendo detrás para intentar emular sus movimientos. Aunque dudó entre este deporte y el tenis, porque tuvo «una época en la que me pegó fuerte», que su hermano estuviera apuntado en el equipo de fútbol del pueblo la motivó a sumarse a sus entrenamientos cuando le era posible. «No jugaba ni nada, era entrenar por entrenar, y su entrenador me decía que me apuntara la próxima temporada.» Finalmente se animó y, cuando lo hizo, fue con descuido incluido. Hay una anécdota que su técnico de por aquel entonces todavía debe de recordar.

El primer día me presenté allí con las espinilleras por fuera de las medias. Además, con la tobillera, que era gordísima e incomodísima. Dice que me vio aparecer allí con las botas multitaco de no sé qué marca y las espinilleras mal puestas y pensó: «Madre mía».

Fue entonces cuando empezó a jugar de verdad, de manera oficial. Por supuesto, como la mayoría de nuestras protagonistas, en esos primeros tiempos lo hizo en un equipo masculino. Por suerte, Maria solo tuvo que esperar una temporada más, pues al año siguiente ya se creó un equipo de chicas, y además se abrió la inscripción a todo el mundo para que se apuntara quien quisiera. La iniciativa tuvo muchísimo éxito. En total, fueron entre cuarenta y cinco y cincuenta niñas, aunque, como cuenta Maria:

Algunas no sabían ni lo que era una pelota. Venían por venir, a veces mi mejor amiga y yo citábamos a algunas niñas para que lo probaran por primera vez y luego decidieran quedarse, en el caso de que les gustara, o dejar de jugar si no les interesaba. El primer día vinieron muchas niñas, pero la gran mayoría no llevaba ni botas. Tenían zapatos Lelli Kelly, [conocidos por sus estampados, brillos y colores (especialmente el rosa) y no por su funcionalidad en el fútbol] eso era un show. Durante el primer año siempre perdíamos, me metía unas palizas que era increíble, pero al final jugábamos para divertirnos. Nos daban por todos lados, pero, bueno, lo pasábamos bien, y eso es lo que cuenta. Nos tirábamos una hora en el vestuario hablando todo el rato, hacíamos comidas después de los partidos, los padres también hacían buena piña en el bar... Sí, obviamente había un encuentro y tenías que ir a jugar, pero solo era la excusa.

La mejor amiga de la que habla es Emma, con quien compartió el fútbol (y la vida) desde pequeña: «Íbamos al mismo colegio en P3, P4, P5..., y fue una de mis compañeras, porque empezamos a jugar al fútbol juntas. Es la más top».

Me gustaría saber si ella también se dio cuenta de que Maria aprendía más rápido que el resto, asimilaba al momento todo lo que le enseñaban y era capaz de ejecutarlo enseguida y a la perfección. Es lo que dicen de ella aquellos que se cruzaron en su camino durante sus inicios como jugadora de fútbol. Maria disfrutó y se esforzó para seguir creciendo en el C. F. la Roca Penya Blanc-Blava y en el C. F. Damm, donde la pusieron en la posición de seis. En aquel momento, ella jugaba de media punta y podría decirse que se sentía más a gusto con ese rol, pero la entrenadora apostó por esa posición y, poco a poco, Maria se fue adaptando. Años después, adivina dónde ha acabado sintiéndose más cómoda en el campo.

Pues de seis, porque a mí me gusta tener el balón. Siento que controlo el partido y creo que puedo dar equilibrio así. También es verdad que la cabeza te va a mil por hora, porque tienes que pensar muy rápido, tienes que estar siempre pendiente de lo que pasa a tu alrededor.

Además de correr detrás del balón en estos clubes, también lo hacía cada verano en el pueblo.

Mis abuelos son de Teruel y algún verano hemos ido allí, a El Castellar. Las fiestas son en agosto y llevo años sin ir, pero ellos me dicen que a veces van a Cedrillas o a Teruel, y el panadero y otra gente del pueblo preguntan por mí.

¿Cómo no van a interesarse por una campeona del mundo? Yo también lo haría. Como año tras año la madre de Maria tenía pocas vacaciones de verano (al depender de la peluquería), aprovechaban para ir a ver a sus abuelos al pueblo. No es que vivan allí todo el año, pero, en cuanto llega el calor, hacen las maletas y se mudan unos cuantos meses.

Si por aquel entonces era difícil hacer planes con ella en verano, da la casualidad de que el cumpleaños de Maria es el día de Nochebuena, el 24 de diciembre, así que tampoco la busquéis en estas fechas, porque las reserva para su familia y son sagradas.

Es un día en el que vienen todos a cenar. Ya cuando era pequeña nos juntábamos primos, tíos, abuelos paternos y maternos..., todos, todos. Incluso a veces venían los abuelos de mis primos. El día de Reyes también lo celebrábamos bastante porque el día anterior, el 5 de enero, íbamos a ver la cabalgata en mi pueblo o en el de al lado, dependiendo del año, y luego hacíamos ruta: la casa de mis abuelos, la de mis primos..., y luego a cenar a mi casa. Eso con la familia paterna, y el día de Reyes lo hacía con los de la materna.

Eso sí, igual que tiene recuerdos bonitos de esa época, casi se lleva las manos a la cabeza al pensar en cómo era su habitación de adolescente. «Calla, calla, fatal, fatal, fatal. Yo ahora lo pienso y digo: "Por favor, qué hortera".» El motivo: la decoración, con una cenefa que cruzaba la habitación por el medio y que tenía un color arriba y otro abajo. Su madre le hizo aquella pregunta tan típica de «Pero ¿tú estás segura de que quieres esto?». Y Maria no lo dudó, su respuesta fue un sí rotundo.

Cuando pasaron dos años, yo entraba en la habitación y decía: «Mama, este verano la pinto. De aquí no pasa. Me lo tendrías que haber prohibido, me hubiera cabreado al momento, pero después lo habría agradecido».

Quizás con el paso de los años le salió la vena de diseñadora de interiores que llevaba dentro y que no había podido explotar todavía.

Me gusta bastante, ahora que vivo en Sevilla solita, estoy empezando a cogerle el gustillo. De hecho, de pequeña quería ser arquitecta, me encantaba eso de dibujar casas. Aunque tengo que decir que Plástica se me daba fatal. La mayoría de la gente normalmente saca los notables y excelentes ahí, y yo..., suficiente. Lo hacía fatal y era supersucia, pero he mejorado algo.

Sin embargo, cuando empezó la Educación Secundaria Obligatoria, vio que le gustaban las matemáticas. Con el paso de los años, tanto Maria como otros cuatro chicos con los que se llevaba muy bien tenían claro que querían estudiar una ingeniería, pero no sabían cuál. Fueron a una visita de puertas abiertas para asistir a coloquios e informarse de las carreras que había, y uno de este grupo de cinco dijo: «Voy a hacer *Tele-*

co. He ido a la charla y me ha encantado». Los otros cuatro se miraron y pensaron: «Vale, nosotros nos apuntamos contigo y así vamos todos juntos». Y así es como Maria Pérez empezó la carrera de Ingeniería de Telecomunicaciones.

Las circunstancias de Maria eran distintas de las del resto de sus compañeros, porque compaginaba la ingeniería con su carrera deportiva. La cosa se complicó especialmente cuando, en 2020, fichó por el Barça B.

He hecho toda la carrera presencial menos el año del covid, que fue semipresencial, porque tenía que ir a hacer los exámenes y el resto era desde casa. Para cuadrarlo todo fue una locura. Había días en los que no podía ir a la universidad, pero pedía apuntes y me apañaba con lo que tenía, y de ahí al examen a pelo.

Cuando el fútbol y la carrera universitaria convergieron, su excompañera Ari Mingueza (ahora en el Granada) empezó a llamarla Teleco.

Yo le decía: «¿Teleco? Qué feo, así no me llames». Pero una, la otra y la de más allá también empezaron a decirlo y se difundió tanto que hasta llegué a la selección y, pam, Teleco allí también. Ahora ya me gusta el apodo, porque es algo que me caracteriza, porque hay gente que me llama así incluso dentro del campo. Las rivales deben de flipar.

Si algo singulariza a Maria es que es la persona que casi siempre rompe el hielo, que se lleva muy bien con todo el mundo y que, además, es graciosa. El *pack* completo de una chica extrovertida, vaya.

Sí que soy muy sociable, sí. Me gusta mucho pasar tiempo con la gente y, en especial, con mi grupo de amigas, que sigo manteniendo desde la ESO. De hecho, creo que somos de los pocos grupos de amigas que quedamos en el pueblo.

Y eso que las ocho amigas no viven en el mismo municipio, porque se conocieron en la optativa de francés de un instituto donde iba gente del pueblo de Maria, pero también de Martorelles y Santa Maria de Martorelles.

Siempre que el fútbol me lo permite, quedamos y vamos a cenar. Y lo bueno es que tenemos la misma relación que al principio. Ya puedo estar cuatro meses sin verlas o en la otra punta del mundo, como en el Mundial, que sé que no cambiará nada.

Es más, durante el campeonato del mundo ejerció de *influencer* y les mandó un vídeo cada día:

Te juro que era como si fuera un *vlog*. Les contaba: «Pues hoy hemos ido a entrenar, ahora tenemos la noche libre, luego iremos a cenar...» y me pedían que no dejara de hacerlo porque les encantaba.

Esos vídeos las mantenían unidas, y más teniendo en cuenta que cada una estudia en un sitio diferente.

¿Sabes qué? Casi todas son enfermeras. ¿Morir? No voy a morir, eso seguro. Si las tengo al lado, nunca. Además, cada una se dedica a una rama distinta, así que perfecto, estoy cubierta.

Sin embargo, si vamos a hablar de amistades y de relaciones estrechas, tengo que mencionar a Cata Coll y, como consecuencia, volver al tema que nos atañe aquí: el fútbol. Que en el caso de Maria, lleva las marcas del Barça y del Mundial. Y empiezo por el club azulgrana. ¿Cuándo se dio cuenta Maria de que esto del fútbol podía acabar siendo algo mucho más allá de un *hobby*? En el momento en el que una ola de lesiones azotó al Barça y ella empezó a ir convocada con el primer equipo con bastante frecuencia. Esto coincidió con un momento en el que ella notaba buenísimas sensaciones mientras entrenaba.

Ahí es donde yo pensé que, si me lo curraba, podía estar allí. Mucha gente puede llegar a debutar con un equipo grande, lo difícil es mantenerse. Cuando me dijeron de hacer dinámica [formar parte de la rutina diaria del primer equipo], fue como: «Vale, estoy aquí y puedo tener una continuidad. No sé cuánto va a durar, pero mientras lo haga puedo dedicarme a esto». También empecé a hacerme un nombre como «la jugadora joven que va subiendo de vez en cuando», te conocen más equipos y también la afición.

Y como aficionada culé, me dice: «Nunca en mi vida quiero salir del Barça, aunque salir también puede abrirte puertas». Es justo lo que le ha pasado esta temporada al irse cedida al Sevilla. Pero, volviendo al primer club y a lo que comentaba antes, allí no solo pudo coincidir con Cata, sino que comenzaron una gran relación de amistad que las llevó hasta el Mundial de Nueva Zelanda.

Nos llevábamos tan bien que le decíamos a la gente que éramos primas. Es que hasta a Alexia le contamos que mi abuela por parte de padre era de Mallorca y que nos unía un parentesco.

Es tan especial la relación que hay entre las dos jugadoras que podemos ver un tatuaje en sus pieles que las une: 50/50.

El significado que tiene es el de equilibrio. Las primeras semanas de concentración antes del Mundial fueron duras, porque no había competición, entrenábamos todos los días y, aunque lo dábamos todo, las dos asumíamos el rol que teníamos, que era uno secundario, entre comillas. Siempre nos animábamos, y decíamos que, si un día una daba un 20 por ciento, la otra lo compensaba con un 80, y viceversa. Cuando empezó la competición fue todo mucho más intenso, hasta que llegó el punto de inflexión de los octavos de final, donde Cata se ve en el once titular, yo lo veo y me alegro el triple por ella. Nos llevamos muy bien, ese equilibrio es el 50/50, y hasta día de hoy.

No creas que es el único tatuaje compartido. Justo antes de la final del Mundial contra Inglaterra, decidieron hacerse otro, acompañadas de Blanca Romero (preparadora física de la selección): «Pone: *I tua atu I te nui.* Es el lema del Mundial, *Beyond Greatness* ('Grandeza sin límites'), pero en maorí. Teníamos que hacerlo antes de irnos porque, si no, no nos daba tiempo». Poca gente sabe lo que significa. Quién iba a decirles que siempre recordarían aquella tarde libre en la que se hicieron un tatuaje que las acompañaría en un partido para la historia. Un encuentro en el que Maria no se imaginaba estar, no por el hecho de que no confiara en las posibilidades de España, sino porque, para ella:

Era impensable ir al Mundial. Podía esperar estar en la lista previa, pero no en la definitiva. Intenté hacerlo lo mejor posible, di mi mejor versión para ver si se cumplía ese sueño, y... pasó. Imagina el momento en el que anunciaron los nombres de las veintitrés que íbamos al Mundial. Estaba con mi hermano en el sofá de mi casa y él se emocionó más que yo.

Para Maria, como para todas las protagonistas de este libro, durante el verano de 2023 y al otro lado del mundo, se cumplieron muchos sueños. En su caso, fueron unas semanas especialmente bonitas, porque venía de un contexto diferente al de muchas de sus compañeras. Aún ni siquiera tenía ficha en primera división (firmó el contrato con el Barça en junio de 2023 para tenerla la siguiente temporada) y, de un día para otro, se vio en la categoría más alta del fútbol mundial. Y ya no fue solo el hecho de ir: también el de debutar. Cuando finalizó la fase de grupos y ella todavía no había salido al campo, pensó que sus opciones de tener minutos se habían desvanecido. Sin embargo, el destino le tenía preparada otra sorpresa.

Cuando me mandaron a calentar en el partido de octavos contra Suiza, pensé: «Bueno, pues a calentar y pa dentro». Y además que fuera justo en ese partido, con Cata debutando también... Al final del partido ella me dijo: «No es casualidad, tía, hemos debutado en el mismo».

Quién le iba a decir a Maria que acabaría siendo una de las grandes apuestas de la selección. Es una jugadora que siempre está dispuesta a ayudar y a aportar, que no genera ningún tipo de conflicto, que en el campo sabe colocarse a la perfección para la siguiente transición y que estuvo más que tranquila en la fase final del campeonato del mundo, porque veía que ningún equipo era capaz de ganarlas. A la vista está. No quiero compararla con nadie. Primero, porque a ella esto de las comparaciones no le gusta mucho y, segundo, porque no es necesario. Su esencia es tan única como persona y como jugadora que tan solo hace falta que vayan pasando los meses para que siga demostrando al mundo quién es Maria Pérez.

17

ALBA REDONDO

Puro corazón

Fecha y lugar de nacimiento	27 de agosto de 1996, Albacete
Posición	Delantera
Equipo actual	Levante U. D.

A lo largo de la vida nos encontramos con personas que desprenden luz y te regalan pequeños gestos que hacen que tu día mejore al instante. Durante las jornadas del Mundial, una de las que nos alegraba esos días fue Alba Redondo. Siempre educada, saludando a todos los compañeros que estábamos trabajando, cercana en todas las entrevistas y un soplo de aire fresco en medio de la vorágine de un campeonato de esta índole (y más en el tramo final, cuando flaquean las fuerzas). Alba fue la primera jugadora que entrevisté antes de que empezara la competición. Al inicio de la entrevista, ella tomó la palabra, se preocupó por el *jet lag* y mi adaptación al clima y al horario de Nueva Zelanda, y días después todavía me preguntaba cómo lo llevaba. Parece algo trivial, pero ella no tenía necesidad de profundizar o ir más allá de las formalidades, y estas pequeñas cosas dicen mucho de cómo es una persona. De hecho, de los mil abrazos que nos dimos esos días entre los compañeros y con las deportistas, algunos de los que recuerdo con más cariño son los que intercambiamos ella y yo. Desde los de después del entrenamiento seguidos del «¿Qué tal? ¿Cómo estáis? ¿Cómo lo lleváis?» y cuatro palabras más (porque no daba tiempo de alargarse) hasta los más especiales de todos: los de la zona mixta después de que el equipo se clasificara para la semifinal y la final del Mundial y, especialmente, el que nos dimos una vez que se proclamaron campeonas del mundo. Pero no nos adelantemos. Hablemos primero de quién es Alba Redondo.

Nacida en 1996 en Albacete, ya de pequeña era una niña con las ideas muy claras, porque, cuando en tercero de primaria preguntaban a su clase qué querían ser de mayores, ella respondía: «Jugadora de fútbol, pero femenino, ¿eh?». Nunca nadie de su entorno lo tomó como una idea loca; ni familia, ni compañeros, ni profesores. Pese a que más adelante la atraparía en cuerpo y alma, sus inicios en el mundo del deporte no fueron con el fútbol, sino con la gimnasia deportiva. Sin embargo, sus padres vieron pronto que destacaba con el balón en los pies, así que no tardaron en cambiarla de actividad extraescolar. El fútbol ha marcado toda su vida, y prueba de ello es que, desde que ganó el Mundial, uno de los recuerdos de infancia que tiene más presente es el de ir por la calle de pequeña de la mano de su padre y preguntarle:

—¿Qué es lo máximo que se puede hacer en el fútbol? ¿Hasta dónde se puede llegar?

—Primero tienes tu club —respondió él—, luego puedes ir a la selección provincial. De allí, llegas a la territorial y, de esta, a la española. Y... ¿lo máximo que puedes llegar a jugar con la selección? Un Mundial.

Habiendo transcurrido unas semanas desde el día de la final, cuando hablé con Alba, ella me comentó:

Te juro, Sara, que ese recuerdo me viene a la cabeza, y mi padre se acuerda perfectamente de ese momento. Es que, además, desde su posición, rememorar esa conversación y ver hasta dónde has llegado también es como... guau. ¿Quién se iba a imaginar hace veinte años que íbamos a ganar un Mundial? ¿O quién iba a pensar que esta chiquita de Albacete jugaría el campeonato del mundo? ¿Hace veinte años? Es que, en mi vida, vamos. Yo tengo aspiraciones, tengo sueños, retos..., pero es que cada vez que veía que se acercaba el poder disputarlo y que ganarlo era una realidad, no me lo creía. Te diré más, una vez conseguido, creo que no fui consciente hasta que llegué a España.

Lo que sí que tuvo presente desde el primer día que pisó Nueva Zelanda fueron los consejos que le dio Andrés Iniesta.

La primera vez que Alba vio a Andrés fue en un torneo que jugaba su hermano en Fuentealbilla. Se hicieron una foto que, años después, le hicieron llegar al histórico jugador del Barça, y consiguieron que se la firmara.

Hablé con él antes del Mundial, me dio consejos y alguna indicación de cosas que hacer allí para no aburrirme, para concentrarme... Pero lo que me dijo me lo quedaré para mí. Hablamos de la vida, porque a él le gusta tanto la vida familiar como a mí. Pero, va..., sí, te diré algo que me dijo. El año en el que ganaron el Mundial los chicos, en 2010, me comentó que él veía muchos vídeos alegres. Imágenes felices, algo que terminara con un final feliz y que le aportaban precisamente eso. Un Mundial es muy largo y, al final, estás allí sola con tus compañeras, aunque yo me llevo grandes amistades como las de Enith Salón y Aitana Bonmatí, pero seguí sus consejos.

Seguramente le costara, como a casi todas, pues no es fácil dejar el hogar y la rutina durante varias semanas, ni a tus seres queridos, quizás justo cuando más los necesitas. Pero Alba supo encontrar su refugio en el Mundial, el mismo que en su día a día halla en casa. Su familia es un pilar indispensable en su vida, siempre han estado ahí para apoyarla. Desgraciadamente, cuando ella tenía seis años, ese cobijo inquebrantable se rompió en mil pedazos.

Alba, desde muy pequeñita, estaba muy encariñada con su tío José. Él iba a su casa casi cada día, ella se sentaba en su regazo y compartían infinidad de ratos juntos. Pero la vida de su familia cambió para siempre el 26 de mayo de 2003, cuando José Israel, militar de profesión, volvía de una misión de paz en Afganistán después de cuatro meses fuera de casa. De hecho, era la última, porque con veintisiete años decidió que quería dejar el ejército. Pero el destino quiso que no volviera a casa de esa misión. El Yakovlev 42, el avión en el que viajaba junto a otros 61 militares españoles, se estrelló cuando intentaba aterrizar en el aeropuerto de Trebisonda, al noroeste de Turquía. Todos los ocupantes del aparato fallecieron. Ese día, una parte de sus familias también murió con ellos para siempre.

Fue una tragedia tan fuerte la que afectó a mi familia que es como que... no sé. Yo era tan pequeña, no era consciente, pero tenía y sigo teniendo un vínculo tan fuerte con mi tío que no lo olvido, es que no lo olvido. Han pasado los años y todavía hay veces que lo recuerdo y me pongo muy sentimental, porque te preguntas: «¿Y si estuviera aquí? ¿Qué pasaría? ¿Dónde estaría? ¿Me habría venido a ver al Mundial? ¿Habría estado aquí conmigo viviendo en Valencia?». Porque él estaba destinado aquí, en la base militar de Llíria. Entonces ahí, claro, te preguntas tantas cosas y tantos supuestos. «¿Qué hubiese pasado con la vida de mi familia? ¿Cómo habría sido?»

Como Alba era tan pequeña cuando esta tragedia sacudió a la familia, muchas imágenes se han mezclado en su cabeza y no recuerda mucho de lo que sucedió en esos días. Sin embargo, hay algunas escenas que sí tiene grabadas en la memoria de manera nítida.

Recuerdo a mi abuela cayéndose, a mi madre llorando, a mi padre también... Son cosas que en la vida se me van a ir. Esa tragedia unió a la familia, pero también la destrozó.

Por eso tanto Alba como su hermano llevan tatuada la frase *Arriba los corazones.* Cuando su tío estaba fuera de casa, y al no tener móvil con el que comunicarse en esa época, mandaba cartas a su familia que siempre firmaba con el título de la canción de Antonio Flores. Desde el día en que esa frase formó parte de su piel, no hay gol de Alba que no vaya acompañado de un beso en el brazo.

Es como si yo tuviese un hilo unido a mi tío, un vínculo sentimental tan fuerte que a día de hoy sigo recordándolo. Hay veces que hasta me pongo a llorar, pasarán los años y me emocionaré. Esa unión no se va a romper en la vida. En la vida.

Ha pasado mucho tiempo y, como comenta la jugadora, «estamos mejor, pero la muerte tan inesperada de un hijo, hermano, primo o tío no se supera nunca. En años posteriores han venido muchas alegrías, sin duda, pero aquello no lo olvidaremos jamás». Uno de los momentos de júbilo a los que se refiere fue sin duda el nacimiento de la hija de su prima hermana.

Es que, mira..., tengo que contarte una anécdota sobre esto. Mis primas pequeñas nacieron después del fallecimiento de mi tío, pero la mayor lo vivió todo con doce años. También estaba muy unida a mi tío José Israel y, cuando me dijeron que había dado a luz..., es que me escapé. Estaba en un probador llorando y me pregunté: «¿Pero qué estoy haciendo aquí? Yo me voy ya». Me emocionaré como siga hablando, pero es que sentí que mi tío había nacido en la hija de mi prima, mi tío estaba allí, José ha nacido en esa niña y está ahí viviendo.

Ya antes de ese nacimiento, para Alba, José siempre había estado vivo de una forma u otra. En su cabeza nunca se ha ido, y el mejor homenaje se lo hizo ganando un Mundial y dedicándoselo a él. Al inicio te decía que recordaba muchos abrazos con Alba, pero, en especial, los del tramo final del campeonato; pues bien, ella también recordaba nuestro encuentro en la zona mixta después de proclamarse campeonas del mundo, y eso es porque fue un momento muy emotivo en el que ella se estaba acordando de su tío.

—Me acuerdo perfectamente de una conversación contigo, de llorar allí cuando ganamos —me comentó—. De hecho, llorabas tú también, ¿te acuerdas?

—Vaya que si me acuerdo. Las lágrimas que llegamos a derramar. De hecho, cuando conectaron conmigo en RNE, les dije: «Perdonad que os interrumpa, pero es que tengo entre mis brazos a Alba Redondo llorando». Es más, hubo un momento en el que dejaste de llorar y me dijiste: «Ya estoy vacía de lágrimas, pero, tranquila, que todavía me quedan más».

—Es que no me lo creía. Y recuerdo que, cuando estábamos llorando, pensé que en ese tipo de momentos te acuerdas de las personas más importantes de tu vida, y yo me acordé mucho de mi tío.

Esa Alba que era (y es) todo corazón, y no solo lo manifiesta en lo personal, sino también en el campo. Una persona que te dice que es mejor jugadora gracias a las compañeras que tiene alrededor y que no cree en un fútbol egoísta lleva colgada una carta de presentación que la convierte en una de las integrantes más queridas en los equipos o selecciones en las que juega. «Yo creo en un fútbol asociativo, para ser mejor necesito juntarme con grandes jugadoras, que a la vez también puedan entenderme en el campo.» Y por eso no nos extraña cuando vemos que Alba podría ser la encargada de finalizar una jugada, pero termina optando por cederle el balón a otra compañera para que sea ella quien remate y acabe marcando. El fútbol no entiende de egos cuando Alba está cerca y, si cambiara su forma de jugar, ya no sería ella.

Siempre soy fiel a mis principios. Si tengo un uno para uno, ¿qué hago? Pues si viene una compañera para hacer una pared, hago la pared. Así soy.

Y, efectivamente, así es, una delantera generosa, que piensa en el colectivo antes que en sumar un gol más a su lista personal (aunque esto no le impida ser pichichi de la Liga F). Ese es el tipo de juego que la ha hecho llegar a donde está, y como afirma ella misma: «seguiré creyendo en eso y apostando por ello, sin duda».

Esos valores a veces son innatos, pero la gran mayoría los aprendes en casa. A Alba se los enseñó la familia de sangre (y la que no), que la lleva acompañando durante años o que se ha unido a ella para recorrer su camino y que sea más llevadero. Antes de empezar el Mundial, Alba me comentó que se acordaba de mucha gente, pero, en especial:

... de los consejos de personas que han estado al pie del cañón y que no me han abandonado en ningún momento. Solo quieres hacer un buen papel para poder dedicárselo a ellos, pero también a mí misma,

por todo el trabajo de esta temporada y de todos estos años para llegar a cumplir un sueño.

Y, aunque durante los primeros días su gente no estaba con ella, se llevó un arsenal de recuerdos y objetos para tenerlos presentes. Uno de los más especiales fue el amuleto de la hija de su pareja. A los pocos días de conocerla, le regaló su goma de borrar y Alba la llevó en cada partido de la temporada anterior al Mundial. Lo que quizás no imaginaba es que esa gomita cruzaría el charco y viajaría hasta las antípodas. También otros obsequios que lleva en su mochila, aunque, según dice la propia Alba:

Soy supersticiosa, pero me he dado cuenta ahora mismo de que... ¿para qué? Pero eso sí que quiero llevarlo conmigo, porque es algo sentimental y muy personal para mí, sobre todo de una personita a la que quiero un montón.

También se llevó un frasquito con la colonia de su novia, porque no sabía cuándo la vería (hizo bien, dadas las circunstancias) y creó una galería de fotos de su tío que llevaba siempre en el móvil. Con todo esto y con su dosis diaria de café, los días de Mundial se soportaron mejor. Porque sí, como dicen las compañeras que pasaron más tiempo con ella, «teníamos que ir sí o sí a por café, encontrar algún sitio para que pudiera comprarlo, porque le encanta». Una de ellas, Enith Salón, comenta que «Alba fue un apoyo supergrande y se lo agradeceré siempre».

En la conversación que tuvimos Alba y yo al acabar el Mundial, hablé con ella de las conexiones tan especiales que nacen en un evento así, porque, cuando pasas tantas horas con alguien estando tan lejos de casa..., eso acaba siendo inevitable. A mí me pasó con mi compañero de RTVE, Roberto Quintana, mi gran descubrimiento del Mundial, y a ella, con Enith y Aitana Bonmatí.

Es que, claro, al final te conoces como persona y la confianza acaba saliendo sola, ¿no? Hay personas con las que simplemente al hablar, ya piensas: «Sí, con ellas sí». Veíamos alguna película, íbamos a tomar café, jugábamos a las máquinas recreativas en Wellington... He descubierto a dos que quiero que estén en mi vida. He conocido a las personas, no a las futbolistas. Como jugadoras son top, ya lo sabemos, pero es que a mí me han llenado como personas. Enith, por ejemplo, ha sido la jugadora que mejor lo ha llevado durante todo el Mundial, la primera que saltaba y brincaba a pesar de no haber jugado. Yo siempre me sentaba a su lado en el banquillo, vivíamos las «taquicardias» juntas... De hecho, en la final, si te das cuenta, ella y yo somos las primeras que llegamos corriendo y nos lanzamos encima de Tere y Alexia. Estábamos todo el rato sufriendo. Y

Aitana ha resplandecido. A mí me ha hecho mejor jugadora, incluso me ayudaba a analizar a las defensas del otro equipo cuando me tocaba jugar y me decía: «Tienes que hacer esto y lo otro».

Y es que eso es lo que queda después del éxito. Quedan las personas, de las que Alba ha sabido rodearse muy bien y que la han ayudado a crecer en todos los sentidos. Su pareja, su familia, que le da la vida, «y eso que hay pocas personas en el mundo que me den la vida», y la gente de su Albacete natal, donde cada vez que vuelve experimenta la sensación de viajar al pasado y recordar los buenos momentos vividos, sus raíces. «Sobre todo, remarca que vengo de Albacete, ¿eh?» Albacete. AL-BA-CE-TE. Repítelo conmigo: Albacete. Aquí lo tienes, Alba, dicho queda. A día de hoy, incluso tiene dudas de lo que va a hacer cuando acabe su carrera deportiva, aunque se ha planteado muchas opciones. «A mí me gustaba mucho el tema de la aviación, ¿sabes?», me decía. Ahora lo que tiene claro es que se dedicaría a algo relacionado con el mundo del deporte, y del fútbol en especial. Pero... ¿por qué mirar más allá? Centrémonos en el presente, en seguir disfrutando de la jugadora generosa en la que se ha convertido sobre el césped y, lo más importante, de lo buena persona que ha demostrado ser fuera de él. Esto es lo que verdaderamente cuenta al final.

18

SALMA PARALLUELO

Un ascenso a la velocidad de la luz

Fecha y lugar de nacimiento	13 de noviembre de 2003, Zaragoza
Posición	Delantera
Equipo actual	F. C. Barcelona

En mi carrera en el mundo del periodismo deportivo, me he acostumbrado a ver a los deportistas poner en práctica rituales o dejarse llevar por pequeñísimas (y no tan pequeñas) supersticiones para mejorar su juego (y si no, espérate a leer los capítulos de Athenea del Castillo y Cata Coll). Es muy probable que muchos de ellos, más que por una verdadera creencia, sigan estos hábitos porque les aportan calma, estabilidad, porque son una manera de recordarse mantener los pies en la tierra. Salma Paralluelo, por ejemplo, llevó una pulsera roja en el tobillo durante el Mundial. Se la había regalado su madre, al igual que al resto de los miembros de la familia.

Diosdada Ayingono compró hilo y le hizo a su hija una pulsera con siete nudos, con la creencia y la esperanza de que la protegiera y le diera suerte. Al ser algo que no abultaba y que podía esconderse con facilidad, podía llevarlo siempre con ella, aunque estuviera en medio del partido más importante de la competición. Un día hablamos sobre esa pulsera y me dijo que no la llevaba, porque en algún momento se rompió o desanudó. Yo, desde entonces, siempre que iba a comprar a alguna tienda echaba un ojo por si encontraba algo con lo que reemplazarla, pero no hubo suerte. Lo positivo es que no la necesitó, en el sentido de que las lesiones la respetaron, ella fue decisiva en muchos momentos (especialmente en el tramo final) y acabó llevándose a casa la medalla de campeona del mundo. Pero, si algo ha aprendido Salma a lo largo de estos años, es que la suerte no viene dada porque sí, la suerte no significa nada si no hay sacrificios y trabajo duro. Y eso Salma Paralluelo lo ha demostrado con creces.

Me gustaría saber si algún padre, madre, hermana o familiar de los minicorredores recuerdan una carrera infantil que se disputó hace unos cuantos años en el Parque Grande José Antonio Labordeta de Zaragoza. Digo *unos cuantos,* porque por aquel entonces Salma Paralluelo solo tenía seis años. Ese día ganó la carrera y, siendo tan pequeña, ya demostró que tenía algo que la hacía especial. Podría ser un recuerdo bonito de su infancia sin más, pero acabó marcando el inicio de todo. Sin embargo, pese a que demostró muy buenas dotes para el atletismo, no había motivo para que ese deporte acaparara toda su atención, y más teniendo en cuenta que sus hermanos jugaban al fútbol y que, cuando los veía jugar, ella quería hacer lo mismo. Sus padres le dieron libertad para ir probando y ver dónde se sentía más cómoda, así que por su vida llegaron a pasar deportes como el baloncesto y la gimnasia artística, pero ella empezó su andadura jugando al fútbol sala en el colegio.

Ya desde el Calixto Ariño, sus amigas se dieron cuenta de que no se sumaba a sus juegos, que eran demasiado tranquilos, y que prefería llevar la pelota debajo del brazo cuando salía al recreo. Y, aunque disfrutaba jugando al fútbol, esa niña, que había ganado una carrera en un parque de Zaragoza, también tenía ganas de descubrirse en el tartán. Se incorporó al Club de Atletismo San José, donde compartió con una buena amiga muchos entrenamientos y buenos momentos. Esa niña terminó desapuntándose no mucho más tarde, pero Salma vio que no se le daba nada mal y decidió seguir adelante. Un día, después de entrenar, le preguntó a Jaime, su padre, si podían entrar en el polideportivo que estaba al lado de la pista de atletismo, y allí fue donde descubrió al InterSala. A ella le gustó mucho, así que le dijo a su padre que quería entrenar en ese mismo sitio. Desde aquel día empezó a combinar atletismo, fútbol sala y sus jornadas como estudiante. Nadie dijo que sería fácil, pero Salma traía esa lección de vida aprendida de casa.

Diosdada, la madre de Salma, es de Guinea Ecuatorial y vino a España con su primer hijo, fruto de una relación anterior. Él tenía una grave deficiencia congénita de visión y el traslado tenía que servir para que recibiera un tratamiento mejor. Fue ya en España donde Diosdada conoció a Jaime, el padre de Salma, se enamoraron y tuvieron tres hijos: José Jaime, Lorenzo y Salma. Eran una familia humilde, pero, sobre todo, feliz. En 2008, sin embargo, su situación se complicó. El país empezaba a vivir una crisis que acabó dejando a su padre sin trabajo cuando ejercía de electricista y transportista. La situación en casa se fue haciendo más difícil, hasta tal punto que, ante la amenaza de desahucio, tuvieron que tomar una decisión tan dura como necesaria: Diosdada se vio obligada a dejar a su familia para marcharse fuera a trabajar y poder hacer una aportación económica que evitara que la situación empeorase. Su destino fue Suiza y, durante todo el tiempo que estuvo ausente, Jaime se hizo cargo de la casa y de la familia. Salma y sus hermanos apenas veían a su madre unas semanas al año, que solían ser en Navidades y durante el verano. Ella seguía el día a día de sus hijos principalmente a través de llamadas telefónicas. Fue una época muy dura para todos, pero los niños comprendían que su madre había emigrado para mejorar la situación económica de la familia, lo que lo hacía todo más llevadero. Se acostumbraron y siguieron adelante, sabiendo que se tenían los unos a los otros, hasta que la desgracia sacudió a la familia de una forma que no tenía solución. En diciembre de 2012, el hermanastro de Salma desapareció en Zaragoza cuando tenía veintiún años. Después de poco más de un mes de sufrimiento y búsqueda incansable, un trabajador de la presa de Pino de Ebro encontró un cuerpo sin vida. Desgraciadamente, era él.

Cuento todo esto sin ánimo de ser sensacionalista, pero forma parte de la vida de Salma y me parece importante para que puedas valorar todavía más su entereza y cómo todo esto ha curtido su personalidad a lo largo de estos años. Nunca le han faltado palabras de agradecimiento hacia su familia, porque es consciente del esfuerzo que han hecho sus padres para que ella haya podido llegar a ser la futbolista profesional que todos conocemos a día de hoy. Tal fue su apoyo que, pese a las limitaciones financieras, nunca escatimaron esfuerzos para que ella pudiera perseguir sus sueños. Si de ellos dependía, eran los primeros en dejarse la piel para darle todo lo que estaba a su alcance. Por eso muchas de las personas que han coincidido con ella a lo largo de estos años, ya sea en el mundo del atletismo o en el del fútbol, destacan de ella que es una persona muy disciplinada, trabajadora y que sabe valorar lo que tiene y lo que le aporta la gente que la ayuda a mejorar día a día.

Pero volviendo al deporte, Salma finalmente cambió el fútbol sala por el fútbol «a secas» cuando fue con sus hermanos a hacer las pruebas para la U. D. San José y, para variar, resultó que también se le daba bien. ¿A ti no te pasa que conoces a alguien a quien todos los deportes se le dan bien? ¿Esa clase de persona que, se ponga a lo que se ponga, lo clava? También es cierto que una cosa es que destaques de pequeña y otra muy distinta que puedas rozar la élite mundial en los deportes en los que te enfoques. Pues ese era el caso de Salma, y en el San José debieron de darse cuenta, puesto que llegaron a cambiar horarios de partidos para que ella pudiera asistir y siguiera viviendo entre dos mundos. Era una niña que disfrutaba sin pensar en nada más, que aprendía de todos sus entrenadores, quienes, por cierto, en el caso del fútbol, la hacían sentir una más, aunque fuera la única chica del grupo.

Cuando Salma participó en los Juegos Escolares de Zaragoza, no sabía que había una persona que se había fijado en ella. Un hombre que no solo le cambiaría la vida en lo que se refiere al atletismo, sino que, además de convertirse en su entrenador, supondría para ella una segunda figura paterna: Félix Laguna. El destino quiso que Salma fuera con su padre al club Scorpio-71, donde él estaba ocupando el cargo de director técnico, y Jaime le comentó que no podían permitirse la cuota del club donde ella entrenaba hasta ese momento. Le preguntó si habría alguna posibilidad de que pudiera entrenar sin pagar, más allá de ponerse a disposición para rodearse de jóvenes atletas de más nivel e intentar mejorar día a día. En paralelo, fichó por el Zaragoza C. F. F. de segunda división. Por lo tanto, Salma pasó de entrenar en el tartán y jugar al fútbol por *hobby* a entrar en una dinámica más exigente y más profesional, tanto en el Scorpio-71 como en el Zaragoza. ¿Qué significaba eso? Todavía más esfuerzo y, por supuesto, más sacrificio. Los lunes, miércoles y viernes entrenaba al fútbol, mientras que los martes y jueves se dedicaba exclusivamente al atletismo. Ella iba madurando como persona y como deportista pese a su juventud. Atrás quedaban las carreras en las que Salma se ponía tan nerviosa en las horas previas que se echaba a llorar. La competitividad no la perdió, y la sigue manteniendo a día de hoy, pero ha cambiado las lloreras por el estado de concentración.

Empezaron los días caóticos en los que se levantaba muy temprano para hacer los deberes y estudiar, y con *muy temprano* quiero decir que el despertador podía llegar a sonar a las 4:30 de la mañana. Volvía a casa tan exhausta por la noche que prefería cenar y dormir para poder madrugar al día siguiente antes que ponerse a hacer las tareas, cual ave nocturna, sin poder concentrarse por el agotamiento. Pero tal era el compromiso de Salma con su educación que, a pesar de estar exenta de acudir a las clases de Educación Física por todos los entrenamientos, ella no se las perdía, porque quería participar igualmente. Te diré más: con quince años ya había acudido a un Campeonato Europeo absoluto de atletismo (Glasgow,

2019), corriendo en la prueba de los 400 metros lisos, y había participado en un Mundial de fútbol con la selección española sub-17 (Uruguay, 2018). Casi nada. Pero es que el día que llegó a casa después de la cita mundialista, su equipo, el Zaragoza C. F. F., tenía un partido importantísimo, y ella lo jugó. Y una vez que terminó ese encuentro, le preguntó a Félix la hora del entrenamiento del día siguiente. Creo que, si buscas la palabra *compromiso* en el diccionario, aparece la imagen de Salma.

Ella estaba dispuesta a disfrutar de los dos deportes tanto como le fuera posible, pero, conforme iban pasando los años, la situación se volvía insostenible. Fue campeona de España de 400 metros en pista cubierta, ganó dos oros en el Festival Olímpico de la Juventud Europea (Bakú, 2019), se hizo con cinco récords y mejores marcas de España en distintas categorías y, a su vez, tenía una gran proyección en el fútbol. De hecho, fichó por el Villarreal, porque era el club que le permitía poder alargar esa doble faceta deportiva tanto como fuera posible, aunque poco a poco iba forzando demasiado su condición física. Había comunicación permanente entre los profesionales de sus dos mundos, para que todos supieran qué hacía Salma en su día a día, pero era imposible que pudiera rendir al cien por cien en ambos, y eso le generaba impotencia. Quería dar más de sí misma, pero se veía incapaz. Teniendo en cuenta el nivel al que competía, quería tomar la decisión cuando cumpliese la mayoría de edad, pero aparecieron dos imprevistos con los que no contaba: el covid y una rotura del ligamento cruzado anterior. Tuvo que frenar en seco en un momento clave, decir adiós a la temporada de fútbol, al Europeo y al Mundial sub-20 de atletismo, al Mundial de Relevos 4 x 400 y, obviamente, a cualquier probabilidad de disputar los Juegos Olímpicos de

Tokio. Después de un duro proceso de recuperación, regresó a los campos de fútbol, pero todavía no estaba lista para el atletismo. Mientras en un deporte ya podía jugar, en el otro no podía ni entrenar. Fueron días muy duros para ella y su familia. El atletismo le aportaba mucho, le permitía estar sola ante el peligro, sentir la adrenalina de la pista y saber que todo el trabajo que hacía era única y exclusivamente por y para ella. El fútbol le regaló a unas compañeras con las que compartía los logros y con quienes podía valorar lo que significaba trabajar en equipo. Ella era atleta y futbolista. Buscó mil fórmulas para intentar seguir más años con esa doble vida, pero, después de mucho llorar y conversar con su entorno, tomó la decisión, y más teniendo en cuenta que había un club por el que, según ella consideró, «valió la pena dejarlo todo». Yo quería darle un aire de misterio al asunto, pero teniendo este libro entre las manos, tampoco hace falta alargar el momento mucho más, porque sabes de sobra cuál fue su elección: el fútbol. ¿Y el club? El F. C. Barcelona. Cuando se hizo oficial el fichaje, ella dijo que el Barça era el mejor equipo del mundo y que, además, formando parte de este club tendría la oportunidad de debutar en la Champions. El círculo empezaba a cerrarse, aunque, como me contó ella un día:

La Salma atleta en realidad nunca se ha ido, porque esa también soy yo. Siempre que puedo veo las competiciones y me entra un poco de nostalgia. Ojalá algún día pudiera tocar las vallas o hacer alguna cosa otra vez.

Y no miente cuando dice que esa esencia de atleta sigue formando parte de su ADN, porque la vemos cada vez que está en el campo. La potencia que tiene en la arrancada, la superioridad física, los regates y la finalización hacen que pase por delante de muchísimas rivales, que emplean toda su energía en perseguirla cuando empieza a correr por la banda. El cuerpo es sabio, recuerda todo lo aprendido sobre técnica de carrera, y no es casualidad que Salma tenga una zurda mágica, porque en el atletismo pasaba mejor las vallas con la pierna izquierda que con la derecha. Y, pese a esto, una de las imágenes que nos ha dejado el Mundial ha sido la de su golazo con la diestra en la semifinal ante Suecia (y que se sumaba a otro golazo, este sí con su zurda de oro, decisivo en el partido anterior) y el posterior beso de Aitana Bonmatí a su pie derecho. Después de ese partido, me dijo riendo y alucinada:

> No sé qué ha pasado, no sé por qué la he lanzado con la derecha, porque con esta no soy muy buena. Era como si estuviera en un entrenamiento y he chutado como lo habría hecho allí. El escenario es muy grande, es una semifinal de un Mundial y la rival era Suecia, pero cuando sales al campo te relajas y dejas fuera todos los nervios que pueda haber del exterior.

No solo me volví loca celebrando ese gol con los compañeros de la prensa española pensando que jugaríamos la final. Salma le ha dado a la selección española la capacidad de sorprender y de no ser tan previsible como quizás otras selecciones esperaban. Pero es que, además, fue elegida como la mejor jugadora joven del Mundial, quedó tercera en el Balón de Oro de 2023 y se convirtió en la primera futbolista de la historia en ganar la triple corona mundialista: sub-17, sub-20 y absoluto.

Salma es una joven competitiva, inocente y alegre, que ha sabido dejarse inspirar por la gente de su alrededor, como sus padres, para luchar día a día por sus objetivos. No sabemos hasta dónde habría llegado como atleta, pero sí que podemos ver no solo lo que ha conseguido en el fútbol siendo tan joven, sino la proyección de futuro que tiene en este deporte.

Además de todo esto, hay dos cosas que tengo clarísimas. La primera es que nadie le ha regalado nada. Solo ella sabe a todo lo que ha tenido que renunciar, cómo de constante ha tenido que ser y cómo ha batallado para llegar hasta aquí. Y la segunda y definitiva es que nunca podremos entender su faceta de futbolista sin la de atleta y viceversa. Todo forma parte de una misma esencia, y esa tiene nombre y apellidos: Salma Celeste Paralluelo Ayingono.

19

OLGA CARMONA

La zurda de la victoria

Fecha y lugar de nacimiento	12 de junio de 2000, Sevilla
Posición	Defensa
Equipo actual	Real Madrid C. F.

Sevilla tiene un color especial, eso es imposible negarlo. Y ya se trate de un cliché o de una fama ganada por méritos propios, es uno de los lugares de España a los que se le atribuye una mayor esencia artística. Al menos en lo que a la música y el baile se refiere. Pero, claro, hay muchas maneras de hacer arte con los pies y, si no, que se lo digan a la protagonista de esta historia. Muchas de las niñas de su tierra, quizás comparten la experiencia de que de pequeñas las apuntaran a sevillanas. Por lo menos ese fue el caso de Irene Guerrero y Olga Carmona, pero hay algo más que las dos tienen en común: la convicción de querer, ya desde muy pequeñas, cambiar las sevillanas por el fútbol. Yo creo que en la familia de la protagonista de este capítulo ya pudieron intuir que aquello no era lo suyo cuando se quedaba sentada durante las clases sin mostrar mucho interés por intentar seguir los pasos. Ni la natación ni el tenis consiguieron convencer a una mini-Olga, a quien solo se le iluminaban los ojos cuando había un balón de por medio. Esa era su verdadera vocación, no había duda. Pero a su madre no le gustaba mucho la idea de que su hija jugara al fútbol. En aquel momento, todavía había pocas chicas que lo hicieran, y prefería que probara otras cosas, confiando en que encontraría algo que la motivara y que no fuera ese deporte «solo de chicos». Lo intentó, pero no le quedó otra que resignarse, y es que a veces se les hace más caso a los hermanos que a los padres. En el caso de Olga, menos mal que fue así.

Su padre apuntó a fútbol a Fran, su hermano mayor, y a Tomás, su hermano mellizo. Ella iba a verlos entrenar cada tarde y allí empezó a entrarle el gusanillo. ¿Por qué no podía jugar a ese deporte, igual que ellos? A su madre, al cabo de mucho insistir, no le quedó más remedio que dar su brazo a torcer: los tres jugarían en el mismo equipo, el Sevilla Este. Olga, por fin, pasó de darle patadas al balón en las calles de su barrio a hacerlo junto con sus hermanos, pero también al lado de otros chicos. Con el tiempo, Fran y Tomás dejaron el Sevilla Este por la cantera del Sevilla, y ella siguió sus pasos. Con siete años hizo una prueba que no era otra cosa que un partidillo entre muchas niñas. Olga era menudita, quizás la más pequeña, pero los presentes ya vieron en ella algo que la hacía diferente al resto. Amparo Gutiérrez, actual directora del área femenina del Sevilla, no dudó en seleccionarla a ella y a otra niña para que siguieran dando pasitos en esto del fútbol. Quién le iba a decir a Olga que ese sería el primer año de los trece que acabaría viviendo en ese club. Ella dice que ha tenido un camino más fácil que otras jugadoras, porque las cosas han ido rodadas y, gracias a la ayuda de sus padres y a los grandes clubes a los que ha pertenecido, ha podido ir recorriendo el camino de forma natural hasta convertirse en jugadora profesional. Pero también es cierto que nadie le ha regalado nada y que el esfuerzo y las cualidades que tiene como futbolista han sido los verdaderos protagonistas de su ascensión hasta la esfera profesional.

Sin embargo, pese a que indudablemente hay algo innato en ella, si las virtudes no se entrenan, tampoco sirven de nada. Olga demostró desde el inicio que era eléctrica, que tenía una energía más que evidente cuando jugaba y que, aunque era pequeñita, eso no quitaba que fuera indomable y superara a sus rivales en los duelos individuales. Pasó por todas las categorías y por todas las etapas del club y consiguió ascender con el Sevilla a primera división. De hecho, de la mano de Cristian Toro, su entrenador por aquel entonces, vivió una conversión de extremo a lateral. Él quería implementar un nuevo sistema de juego y, aunque ella no estaba muy convencida con el cambio, se puso manos a la obra para ser lo más efectiva posible en esa posición. Cuando Cristian la vio en acción, no tuvo ninguna duda de su acierto y hasta le llegó a decir que se convertiría en una de las mejores laterales de España. ¡Cuánta razón, Cristian!

Olga era una adolescente con un talento precoz, pero, aunque se acostumbró a rodearse de compañeras mayores que ella, eso no le impidió sacar a relucir su carácter fuerte cuando lo necesitaba. En 2020 se le abrieron las puertas del

Real Madrid y no se lo pensó, aunque eso implicaba, por un lado, dejar el club que se lo había dado todo durante tantos años y, por otro, que tendría que alejarse de su familia y, en especial, de su madre. Con ella comparte mucho más que su nombre, también tienen un tatuaje en común. En él se puede ver representado un abrazo entre una hija y una madre y el símbolo de infinito, también llamado *lemniscata*. De hecho, si has visto a Olga marcando un gol, quizás te hayas fijado en que siempre se besa la muñeca derecha cuando lo celebra, justo donde se encuentra ese tatuaje. Olga madre es conductora de autobuses municipales en Sevilla, y su vida estaba en la ciudad andaluza, así que su hija tuvo que irse sola a Madrid para poder perseguir su sueño, aunque a las dos les costó mucho separarse por el vínculo tan especial que existe entre ellas. Los primeros meses fueron los más complicados, aunque, llegada a ese punto, Olga ya sabía que el fútbol sería su vida. Eso sí, nunca dejó de lado los estudios, y de no haber sido por el deporte, seguramente se hubiera decantado por la carrera de Derecho. No lo hizo porque no era muy compatible con el fútbol y tenía más sentido estudiar algo que le permitiera seguir viviendo del mundo profesional que ya habitaba una vez que terminara su carrera como jugadora, así que optó por Ciencias de la Actividad Física y del Deporte. Su día a día en Madrid se podría resumir en:

1. Ir a Valdebebas, a la Ciudad Deportiva del Real Madrid.
2. Desayunar con el equipo.
3. Entrenar.
4. Salir al mediodía con la comida en las manos, cortesía del club.

5. Llegar a casa y calentar lo que le hayan dado para comerlo tranquilamente.*
6. Descansar.
7. Ir a la universidad cuando tiene clases presenciales.

* Este punto puede variar en función del día.

Por suerte, los profesores sabían de su situación desde el inicio y empatizaron con ella, lo que permitió a Olga no descuidar nunca los estudios. Su llegada a Madrid también coincidió con la intención de querer trabajar con una psicóloga que la ayudara a tener la cabeza bien amueblada para que, como consecuencia, pudieran funcionarle las piernas en los partidos. Tener ese equilibrio cuerpo-mente es muy importante para el buen rendimiento y esencial a la hora de gestionar las derrotas. Puedes ver a Olga como una chica muy sonriente y simpática, pero, si pierde..., escóndete. Al menos antes, porque se enfadaba y lloraba de la rabia y la impotencia. Con el tiempo, ha ido aprendiendo a relativizar las situaciones para no abandonar el terreno de juego llena de frustración y seguir rumiando esos malos pensamientos en casa. Esto no quiere decir que no lleve fatal perder, como es lógico, pero sí que es capaz de analizar las situaciones con perspectiva para poder sobrellevarlas. También te diré que esto la convierte en una jugadora muy competitiva cuando está en acción, porque tiene ese espíritu ambicioso y ganador que hace que lo dé todo en el campo. Y fuera de él, por qué no decirlo, porque solo ella sabe la de horas invertidas en su preparación física. Ya decía unas cuantas líneas atrás que, cuando empezó en esto del fútbol, ella era una jugadora menudita y con el paso de los años ha seguido siéndolo, porque es su complexión.

Pero eso no quita que haya trabajado muy duro a nivel físico para que se haya podido ver un cambio más que evidente en ella. Y gracias a ese esfuerzo y ese trabajo duro vemos a una jugadora rápida en el terreno de juego, con mucha llegada y desborde y que, además, se atreve a nivel ofensivo, participando en las jugadas de ataque. Lo que decía: tú puedes haber nacido con un increíble talento, pero tienes que esforzarte para mantenerlo y aumentarlo, y Olga es el ejemplo perfecto, metódica y disciplinada. ¿Sabes por qué? Porque sabe que la fuerza de voluntad trae recompensas. En su caso, nada menos que un Mundial.

Antes de viajar a Nueva Zelanda, mientras preparaba todo lo necesario para estar muchos días fuera de casa, se planteó cambiarse las espinilleras. Puedo imaginar a Olga con ellas en la mano, valorando qué tenía que hacer. En las habituales pueden verse motivos deportivos por un lado y a su familia por el otro, así que acabó llevándose las de siempre. Empezaron unas semanas exigentes a nivel de fútbol, pero también agradecidas en cuanto a experiencias compartidas. Una de esas vivencias las tuvo a ella y a algunas de sus compañeras riéndose durante diez minutos. Las implicadas: Ona Batlle, Tere Abelleira, Cata Coll, Salma Paralluelo, Maria Pérez y la propia Olga. O lo que es lo mismo: el grupo Bebeki. ¿El grupo qué? Espera, que te cuento. Resulta que en uno de los días libres del Mundial se fueron a cenar juntas a un restaurante donde la gran mayoría de los platos eran de carne. Todas se pidieron una hamburguesa, a excepción de Salma, que optó por una pasta con salsa. Estaban comiendo tan tranquilas cuando, de golpe, ella dijo: «Esta salsa tiene como un toque a... [suspense, todas mirándola] *bebeki*».

Ese fue el punto de no retorno para todas, que empezaron a reírse y no podían parar, aunque tuvieran comida en la boca. Olga y Maria Pérez se miraban cómplices y se retroalimentaban, y ese momento ya hizo que la noche valiera la pena. La salsa en cuestión era barbacoa, como te contaba antes, y las siglas en inglés son BBQ (pronunciado como 'barbiquiú'). A raíz de ese momento, su grupo de WhatsApp pasó a llamarse Bebeki. Ese grupo de mujeres fueron su familia durante la competición y, de hecho, Salma y Olga fueron las jugadoras que marcaron los golazos decisivos de la semifinal del campeonato ante Suecia. Poco después llegaría el día que cambiaría la vida de Olga, en muchos sentidos.

Vayamos al 20 de agosto de 2023, final del Mundial entre España e Inglaterra. Antes del inicio del partido, Olga da un beso a un amuleto que ha encontrado su tío y que su madre le ha llevado hasta Sídney. Empieza la final, los nervios son más que evidentes en un estadio de Sídney lleno a rebosar y entre los que estábamos allí apoyando a la selección española. Está claro que necesitamos un gol a favor para calmar las aguas. En el minuto 29, Aitana Bonmatí se le echa encima a Lucy Bronze y el balón le cae a Tere Abelleira. En ocasiones anteriores habían hablado con Mariona Caldentey sobre la posibilidad de hacer daño cambiando de orientación el balón (siempre y cuando Mariona estuviera abierta para recibirlo). Tere manda el esférico al otro lado del campo, a los pies de Mariona, y ella le da un pase perfecto a Olga, que aparece como un misil por la banda izquierda para recibir el balón dentro de área y mandarlo al palo largo. La portera de Inglaterra, Mary Earps, no puede evitar que ese zurdazo cruzado acabe con el balón dentro de la red. Gol. ¡Es gol!

¡España estaba ganando la final por 1-0! Olga arranca a correr y muestra su camiseta interior, de color rojo, donde se puede leer un nombre: MERCHI. Es el de la madre de una de sus mejores amigas, fallecida recientemente, y ese tanto va para ella. Pasan los minutos, el partido se hace larguísimo, pero llega el final. España es campeona del mundo.

Después de la euforia colectiva, de que el equipo levantara la Copa y de esperar varios minutos a las jugadoras en la zona mixta, me dieron paso en directo en *Tablero deportivo* de RNE, justo en el momento en el que Olga Carmona llegaba a mi encuentro y estaba dándole el abrazo gigante que tenía guardado para ella desde que había acabado el partido. Se había convertido en la heroína de la final y yo todavía seguía sin creer que realmente estuviéramos viviendo aquel sueño del que no queríamos despertar.

—En la última conexión os he dicho que la medalla pesaba, pero imagina la medalla y el trofeo de MVP [*most valuable player,* 'jugadora más valiosa']**. Olga Carmona, madre mía..., ¿en qué momento te has sacado ese gol de la manga?**

—La verdad que no te lo sé explicar con palabras, ha sido un momento único. La verdad es que me encanta centrar, pero en esa ocasión me vi con el tiro cruzado, que a mí también me gusta mucho, y he intentado ajustarlo de manera que la portera no llegara. No me lo es-

MERCHI
19

peraba para nada, pero creo que lo más importante es que somos campeonas del mundo, que es una realidad y lo vamos a celebrar. Ya podéis imaginar cómo.

—No, no, eso dímelo tú. ¿Cómo?

—Bueno, la noche acaba de empezar, así que va a ser larga, y cuando lleguemos a España va a continuar la fiesta. Esto va por todos vosotros, por España, por mi familia y toda la gente que nos quiere.

—Gracias, Olga. Enhorabuena, de verdad. Creo que me voy a coger la baja una semana, después de tanto gritar, no puedo más.

Estábamos todos entusiasmados, festejando algo que creo que nadie asimilaba al cien por cien en ese momento. Quién nos iba a decir que la noche sería larga, pero por algo que no tenía nada que ver con la celebración. Después de las entrevistas en la zona mixta, fuimos al hotel de concentración de España porque tanto las jugadoras como el cuerpo técnico y los familiares cogían un vuelo chárter desde Sídney hasta Madrid. Tenían poco rato para llegar, cargar todas las pertenencias y dirigirse hasta el aeropuerto. A esas horas de la madrugada, estábamos hechos polvo, pero la alegría colectiva nos mantenía a todos más que despiertos. Las jugadoras salieron con música en uno de los altavoces, bailando, cargando con la Copa del Mundo y disfrutando del momento. Cuando subieron todos al autocar y se fueron, y después de comer un trozo de *pizza* fría, que era la única comida que los pocos periodistas que estábamos allí habíamos ingerido en muchas horas, los que quedábamos delante del hotel nos fuimos a nuestros aposentos. Me conecté en directo con RNE para cerrar una jornada histórica, mandé wasaps a mi familia intentando transmitir cómo me sentía en ese momento y me metí en la cama con el móvil en la mano. Iba consultando las redes sociales y los medios digitales, miraba fotos de la final sin creerme lo vivido y, de golpe, saltó una notificación:

> **La Real Federación Española de Fútbol lamenta profundamente comunicar el fallecimiento del padre de Olga Carmona. La futbolista ha conocido la triste noticia una vez concluida la final de la Copa del Mundo. Mandamos nuestro abrazo más sincero a Olga y a su familia en un momento de profundo dolor. Te queremos, Olga, eres historia del fútbol español.**

No. Eso no podía estar pasando. Si había un ápice de sueño en mí, se esfumó, me desperté de golpe. Mandé el comunicado a mis compañeros de la radio para decirles que volvería a conectar con ellos en directo. Ese mensaje lo envié con lágrimas en los ojos. No podía creérmelo. ¿Cuándo había ocurrido? Pero si yo había entrevistado a Olga después de la final y estaba eufórica... Y en el hotel también estaba supercontenta, al igual que el resto de jugadoras. Era imposible que lo supiera. A las 6:09 de la mañana, le mandé un wasap a mi compañero Roberto, que estaba en otra habitación a escasos metros de la mía y que sabía que estaría como yo. Coincidimos en que parecía una broma macabra del destino que ese mismo día le hubiera dedicado el gol a Merchi y que, sin saberlo, su padre ya no estuviera. O sí, de alguna forma u otra. Quizás, de alguna manera, él ya había estado allí con ella, en el terreno de juego. Como dijo Olga, solo así se explica que ella, siendo defensa, fuera la autora del gol que dio a España el Mundial.

Se enteró de la trágica noticia en el aeropuerto, cuando estaban pasando el control de pasaportes. Su madre se lo contó y para ella fue un momento de *shock* absoluto, no le salieron ni las lágrimas. Tenía que encajar una noticia de tal magnitud en medio de uno de los momentos más felices de su trayectoria deportiva. El viaje de vuelta fue muy duro para Olga, porque tenía por delante muchísimas horas de vuelo para darle vueltas a lo que estaba pasando. Se agobió y se desesperó, pero afortunadamente estuvo acompañada por Maria, su psicóloga, además de su madre, su hermano Tomás y todas sus compañeras. Que su familia le contara después de la final lo que había pasado con su padre fue la decisión correcta, según Olga. De no haber sido así, no habría estado en ese partido y tampoco habría podido hacer nada para llegar a casa a tiempo debido al larguísimo trayecto de vuelta. Fue al aterrizar cuando realmente asimiló todo lo que había pasado en las últimas horas, pero, después del mazazo, decidió que se iría con sus compañeras a Madrid Río para celebrar el título de campeonas del mundo.

No tengo palabras para agradecer todo vuestro cariño. Fue el mejor y el peor día de mi vida. Sé que tú querrías verme disfrutar de este momento histórico, por eso estaré con mis compañeras, para *que desde donde estés sepas que esta estrella también es tuya, papá.*

Esas fueron las palabras de Olga en sus redes sociales. Lo mejor era priorizarse y mantener la cabeza ocupada, aunque nada evitó que la mezcla rarísima de sentimientos la acompañara hasta la celebración. Fue muy injusto que el que debería ser el día más bonito de su vida hasta la fecha acabara siendo también el más triste, y creo que a todos nos apena que, cuando recuerde un día tan especial como el de la final, donde ella fue protagonista, lo haga con una sonrisa amarga. A veces nos pensamos que estamos preparados para afrontar cualquier situación y luego llega la vida y nos recuerda que todo es impredecible. Por suerte, hay cosas que podremos llevar siempre con nosotros, y son los valores que nos han inculcado los nuestros. Olga tiene la suerte de que su núcleo familiar ha contribuido a que ella se haya convertido en una chica humilde y querida por todos los que la conocemos a día de hoy: luchadora, dicharachera, muy madura teniendo en cuenta lo joven que es, y con un carisma que hace que su sonrisa sea su seña de identidad. Por muchas alegrías o por muchos palos que le den durante el camino, con esa base tan sólida de valores, Olga Carmona ya ha ganado en la vida. Y la verdad es que nosotros también al tenerla a ella como referente.

20

ROCÍO GÁLVEZ

Una leona dentro y fuera del campo

Fecha y lugar de nacimiento	15 de abril de 1997, Córdoba
Posición	Defensa
Equipo actual	Real Madrid C. F.

Todos hemos podido reconstruir poco a poco nuestros recuerdos de infancia, especialmente los de los primeros años de vida, gracias a lo que nos cuentan nuestras familias. Cuándo y cómo empezamos a hablar o a andar, nuestra primera vez viendo el mar o la nieve y, en definitiva, momentos que, por mucho que nos esforzáramos, seríamos incapaces de reconstruir por nuestra cuenta. Algo parecido le debe de haber pasado a Rocío Gálvez cuando, a lo largo de los años, le hayan recordado infinidad de veces cuánto disfrutaba de los partidos de fútbol televisados con su abuelo materno. Desde pequeñita se subía a su regazo, jugaba a la pelota con él y, aunque en su familia a veces se pregunten de dónde le viene esa pasión que la ha llevado a ser una futbolista profesional, estoy segura de que atribuyen ese mérito a su abuelo. Y quién le iba a decir que, después de todas las horas que pasaron juntos delante del televisor, Rocío acabaría formando parte del club al que observaba atentamente desde su cobijo.

Su primer amor deportivo no fue el fútbol, por lo menos en cuanto a la práctica se refiere. Tenemos que cambiar el balón por una pelota, reducirla bastante de tamaño y pasar al color amarillo, porque sus inicios fueron en el tenis. Sin embargo, este deporte no era lo suyo. Su madre se dio cuenta de que no disfrutaba igual que cuando jugaba al fútbol en la calle: ahí era un torbellino que no paraba ni cinco segundos y creía que eso era lo que realmente le gustaba. Siguiendo su intuición (la de las madres rara vez se equivoca), llamó a un vecino que estaba vinculado al Deportivo Córdoba. Una idea brillante, si me preguntas, porque marcó un antes y un después en su vida. Ese vecino les presentó a Miguel Ángel Morales y a su padre, Miguel Morales. De hecho, el primer contacto con Miguel Ángel fue en el momento en el que los padres de Rocío llegaron con ella a La Asomadilla preguntándole si podía pasar alguna prueba para ser admitida en el club. Por aquel entonces, Miguel Ángel era el entrenador del equipo femenino y decidió que hiciera un entrenamiento con ellas, aunque Rocío tan solo tenía once años. Con media hora fue suficiente para que se diera cuenta de que delante de él tenía un diamante en bruto, así que no se lo pensó dos veces cuando se acercó a sus padres y les dijo: «Vamos a hacerle una ficha». Ellos se quedaron boquiabiertos pensando que se había vuelto loco, porque habían llegado hacía un momento y creían que Rocío era muy pequeña, pero terminaron cediendo cuando él les aseguró que su ojo solía acertar casi siempre y que Rocío daba señales de tener un talento precoz.

Su historia deportiva empezaba allí, aunque realmente ya venía de mucho antes. Cuando no llegaba al año de vida, había algo en los balones de fútbol que la llamaba; con más edad, ya tenía una pelota en los pies y, si veía a alguien jugando al fútbol, sentía la necesidad de irse directa para allá a jugar con otros niños. En el patio del colegio dejaba de lado lo que hacían las chicas de su clase para sumarse a los partidos improvisados y, evidentemente, sus padres apoyaron siempre esa pasión. Cuando empezó su andadura en el Deportivo Córdoba, también notó el apoyo de Miguel Ángel desde el primer minuto, porque acabó convirtiéndose en su padre futbolístico, del mismo modo que Miguel Morales asumió el rol de abuelo deportivo. A esas influencias del club tenemos que sumarles las de casa, que van desde ver los partidos con su abuelo hasta seguir los pasos de su primo Rafa Gálvez, que ha estado vinculado a este mundo jugando en el Elche, el Córdoba o el Albacete, pasando por el amor de su padre Paco por el fútbol, que, aunque era más de jugarlo que de verlo en la televisión, también fue una pieza clave. Con toda esa mezcla, era casi inevitable que Rocío recorriera su propio camino en este deporte.

Primero jugó en el alevín, después en el equipo femenino y, finalmente, se fue con Miguel Ángel a jugar a la infantil masculina andaluza, convirtiéndose en la primera niña en conseguirlo. Sí, sí, has leído bien, masculina. Porque dentro del equipo era como un niño más, y fuera de él la trataban con un cariño especial. Más allá de llamar la atención por ser la única chica, sus amigas iban con ella, la animaban y la apoyaban, y sus compañeros de equipo (y los «adultos responsables») estaban pendientes de ella. Es más, hasta le cedían el primer turno de ducha, aunque a veces ella se enfadaba con otros niños por colarse antes de tiempo. Ya te he dicho que, aunque en un principio no lo parezca, Rocío tiene carácter. Es más, creo que algún niño todavía debe de recordar aquellos cabreos.

Fue tal la progresión de Rocío que llamó la atención del Sevilla y el club la incorporó en las categorías inferiores, con el sacrificio que eso conllevó para ella y para sus padres, que tuvieron que cambiar turnos en el trabajo para poder ayudarla a cumplir sus metas. Empezaron las sesiones maratonianas en las que salía del colegio por la tarde y su padre conducía desde Córdoba hasta Sevilla mientras ella aprovechaba el trayecto por la autovía para estudiar. Su convicción y el esfuerzo la llevaron a debutar en primera división con quince años, pasar por el Betis y empezar su camino con la selección española en paralelo. Y aquí quiero hacer una pausa, porque se suele decir que las pequeñas acciones del día a día te definen, y en el Mundial de Costa Rica sub-17 tuvo un detalle precioso que creo que puede ayudarte a conocer a Rocío un pelín mejor.

En 2014 la selección española sub-17 jugó la final de ese Mundial contra Japón. Aunque perdieron por 2-0, firmaron el mejor resultado de un conjunto femenino español en un campeonato del mundo. Te pongo en contexto, aunque lo que quiero contarte va más allá del subcampeonato, del resultado y de los goles que pudieran marcarse. Rocío llevó el brazalete de capitana a lo largo de la competición, pero durante los días de concentración falleció el abuelo de su compañera Nahikari García. De hecho, la jugadora no pudo ir a su funeral y se quedó hasta el final, llegando a jugar desde el once titular el último partido. Antes de esa final contra Japón tenían que decidir si la persona que llevaría el brazalete sería Rocío o Nahikari y la cordobesa lo tuvo clarísimo: Nahikari tenía que ser la elegida. Le cedió el honor (y la responsabilidad), porque consideró que la persona que seguiría ese partido desde el cielo merecía ver a su nieta luciendo ese brazalete con orgullo, y más en la final de un Mundial.

Fueron esas ganas de ayudar a la gente, de dar consejos y de tener un compromiso con el resto las que años más tarde hicieron que estudiara Integración Social con el objetivo final de superar unas oposiciones y formar parte de la Guardia Civil, algo que le viene de familia, porque tanto su padre como su tío son miembros del cuerpo de seguridad. Y, aunque por ahora sigue centrada en su carrera deportiva, se planteó dejarlo en el momento en que las lesiones entraron a formar parte de su vida.

Cuando Rocío dio el salto al Atlético de Madrid, quizás no imaginaba que viviría una etapa dulce en cuanto a los éxitos colectivos, pero amarga en lo personal. A finales de marzo de 2016 se lesionó durante un entrenamiento y la tuvieron que operar de una rotura del ligamento cruzado anterior y del menisco externo. Pese a la dureza de un tipo de lesión que desafortunadamente es protagonista en los equipos femeninos, consiguió sobreponerse y volver a jugar después de mucho trabajo físico y mental, pero... lo peor estaba por llegar. En noviembre de ese mismo año, que seguro que Rocío no recuerda con nada de cariño, estaba concentrada con la selección española sub-20 en el Mundial de Papúa Nueva Guinea. Jugó el primer partido de la fase de grupos y en la segunda parte de ese encuentro contra Japón su rodilla derecha volvió a ser noticia, y no por algo bueno precisamente. «Traumatismo articular con esguince de ligamento cruzado anterior y del ligamento lateral interno de la rodilla derecha», se podía leer en el parte médico del Atlético de Madrid, después de las pruebas que le realizó el club una vez que llegó a España. Las lesiones volvían a cebarse con ella y de nuevo empezaba otra etapa amarga. Sintió que estaba viviendo el día de la marmota, que la historia volvía a repetirse; en ese momento sí que valoró la posibilidad de dejar el fútbol definitivamente. Pero por suerte su entorno no dejó que tirase la toalla y convirtió la frustración en impulso, el que tomó para agarrarse fuerte a su sueño.

Cuando las lesiones han aparecido en su vida, no ha sido la única en sufrir. También lo ha hecho su familia, que, según dice siempre Rocío, la apoyan «todos los días, aunque lleve tiempo fuera de casa». La siguieron de equipo en equipo, porque después del Atlético de Madrid volvió al Betis, para luego formar parte del Levante y volver de nuevo a la capital española para fichar por el Real Madrid. Decidió no renovar con el equipo granota para poder fichar por el club blanco en 2021, porque para ella ese cambio significaba tener la oportunidad de formar parte de un proyecto ambicioso y seguir creciendo en el mundo del fútbol. Sus familiares siguieron apoyándola desde la distancia, y precisamente en ellos se tuvo que refugiar cuando su tía, que era muy cercana a ella, falleció el mes de mayo de 2023. En ese momento empezó a luchar por las dos y se prometió a sí misma que iría a por todas en cualquier logro deportivo que se le pusiera por delante para poder dedicárselo a ella. Pero claro, ni siquiera esa promesa puede evitar que de vez en cuando siga habiendo derrotas, y la más dura llegó cuando el Real Madrid perdió la final de la Copa de la Reina ante el Atlético de Madrid. Rocío publicó lo siguiente en sus redes sociales:

Tita, te prometí que te iba a dar una alegría, pero no pudo ser. Has dejado un vacío enorme en la familia, pero nos has enseñado lo que es ser valiente, y en eso me ganaste.

Su tía ya sabía que su sobrina era como una leona que había ido modelando un carácter firme con el paso de los años, y esa testarudez que forma parte de su ADN la llevó a ver su nombre en la lista de jugadoras que viajarían al Mundial. La primera persona con quien habló fue su madre, que llorando le dio la enhorabuena por todo el trabajo previo hasta conseguir ese objetivo. También porque, más allá de la pérdida de la tía de Rocío, la primavera fue complicada para ella: se rompió el tendón semitendinoso y estuvo al borde de la operación, aunque logró recuperarse en un tiempo récord. Lo dicho, es cabezona y, si se propone algo, lo acaba consiguiendo. Le costó procesar que realmente iba a viajar a Nueva Zelanda y necesitó unos cuantos mensajes y llamadas de sus amigos y familiares para darse cuenta de que todo lo que estaba viviendo era real.

No tuvo dificultades para adaptarse al cambio horario y, aunque no soporta el frío y si fuera por ella se hubiera tirado todo el día al lado de una chimenea, luchó como el resto para llegar hasta la final y alzarse con la gloria. Sus padres no pudieron viajar hasta Sídney por circunstancias personales, pero la apoyaron desde Córdoba y hablaron con ella después de colgarse la medalla que la acreditaba como campeona del mundo. De hecho, un fotógrafo capturó el instante en el que ella estaba sentada con el móvil en la mano en el césped, rodeada del confeti dorado que unos minutos antes había caído del cielo de Australia. La propia jugadora aprovechó esa instantánea para compartir en su perfil de Instagram un mensaje dedicado a su tía.

Llamada al cielo. Siempre has defendido este país, este escudo y esta bandera como la que más. Ojalá hubieras esperado un poquito más. Sé que estés donde estés lo estás viendo y te sientes superorgullosa. Te debía una y aquí la tienes. Ahora sí que sí, tita, puedo chillar bien alto y alzar la copa al cielo diciendo: «Somos campeonas del mundo».

La jugadora cordobesa que hizo reír a sus compañeras durante los días de concentración también necesitó de su apoyo. Algunas de ellas me explicaron que creen que se la machacó injustamente después de jugar de titular contra Japón, el único partido que España perdió en el Mundial. Irene Guerrero me comentó:

Es de esas jugadoras que necesitas tener en el equipo, porque es muy competitiva y hace que tú seas mejor. Siempre quiere ganar, siempre quiere mejorar y es de esas personas que están tocadas con una varita, porque tiene un potencial muy grande.

Es lo que suele pasar cuando juzgamos un iceberg por la punta que sobresale en el agua y no por todo lo que hay debajo. Rocío es simpatía, «humor cordobés», como dicen sus compañeras, y a la vez, en el campo, nos encontramos con su contundencia, su seriedad y su lucha. Empezó por el peldaño más bajo y ha ido escalando poco a poco hasta llegar a la élite, algo con lo que mucha gente sueña, pero que solo quienes se dejan la piel a diario, como siempre ha hecho Rocío, pueden llegar a lograr.

21

CLAUDIA ZORNOZA

Un alma bondadosa

Fecha y lugar de nacimiento	20 de octubre de 1990, Madrid
Posición	Centrocampista
Equipo actual	Real Madrid C. F.

Muchas veces nos fijamos en deportistas por cómo son como profesionales (en este caso dentro del campo), pero en la gran mayoría de las ocasiones tenemos a alguien como referencia porque nos sentimos identificados con ella o con él en algún sentido, además de porque admiramos sus valores. Estoy convencida de que eso es lo que pasa con la gente que ve a Claudia Zornoza más allá de lo que representa como futbolista. No es una persona dada a exponerse mediáticamente, incluso a veces renuncia a las redes sociales para evadirse y evitar la parte negativa que conlleva tener un perfil en según qué plataformas, pero si hacemos el «experimento» de entrar en una de sus cuentas, lo primero que podemos leer es «deportista/vegetariana». Hoy en día no nos sorprende si alguien nos dice que lleva una alimentación vegana, vegetariana o similar, pero cuando una deportista profesional lo lleva por bandera, sí que pueden surgir dudas. ¿Lo es desde hace años o es una decisión que tomó hace poco tiempo? ¿Afecta a su rendimiento deportivo?

Claudia es una persona con una conciencia ecológica que forma parte de su identidad. Su preocupación por el impacto ambiental que supone su estilo de vida es algo que ha estado presente desde siempre y que quizás empezó a desarrollarse en Bochones, un pueblecito que pertenece a Atienza (Guadalajara). Allí es donde ella y su familia iban a veranear, porque era el pueblo de su padre. Para que te hagas una idea, durante el año allí viven entre dos y seis habitantes, mientras que los fines de semana, puentes y vacaciones podemos llegar a ver a un centenar de personas. Bochones aporta a Claudia:

... la familia, los atardeceres en silencio, la calma y la paz de respirar aire puro, el poder disfrutar de cada recuerdo de infancia en aquellos momentos en los que solo necesitaba una simple merienda en medio del monte, la curiosidad por ir a descubrir nuevas cuevas en las que adentrarte o dejarte llevar por las ideas tan *iluminadas* de tus amigos.

Lo que se conoce como disfrutar mucho con muy poco. Pero allí también se cazaba, y en Bochones fue donde Claudia le escondía la escopeta a su padre para que no fuera a las batidas con el resto.

Fue el primero de muchos gestos. Claudia, a partir de ese momento, fue adaptando hábitos diferentes, poco a poco, hasta que en 2019 buscó a alguien que la asesorara y tomó la decisión de seguir una alimentación vegetariana, excluyendo el consumo de carne y pescado. En ese momento se encontraba en medio de la temporada, jugando con el Levante, por lo que le aconsejaron no hacer el cambio «radical», ya que quizás alterar de forma tan brusca su estilo de vida podía afectar a su rendimiento, así que optó por ir modificando gradualmente ciertos hábitos alimentarios hasta eliminar por completo la carne y el pescado. Las proteínas que necesita las saca de la soja, el tofu y los frutos secos, y la gran base de su alimentación son verduras y legumbres. De vez en cuando cae un plato de ramen, que le encanta. De hecho, estando en el Valencia tenía su propio huerto urbano, donde cultivaba las hortalizas que luego consumía. Un huerto compartido con el que entonces era el portero del Levante masculino, Aitor Fernández (ahora en el Osasuna), y su excompañera Laura Gutiérrez. Allí los productos que tenían más éxito eran las alcachofas, los guisantes, la coliflor o el brócoli. Hasta ese momento no sabían mucho de horticultura, pero la «universidad» de YouTube estaba siempre ahí para resolver dudas. Y si no, siempre les quedaban los padres para las consultas más específicas. Una distracción que les ayudaba a desconectar del fútbol y que a la vez les proveía de lo que necesitaban para su alimentación diaria. Cuando acabó contrato con el Levante, fichó por el Real Madrid. Era un proyecto que, según dijo cuando se oficializó que se incorporaba a las filas del equipo blanco, afrontaba «con toda la ilusión y con ganas de seguir trabajando duro por este escudo». Eso sí, en Madrid no tenía huerto urbano, porque, aunque intentó encontrar alguna opción..., no tuvo éxito.

Volvamos a lo que nos concierne. Cuando a Claudia le preguntaban de pequeña qué quería ser de mayor, a veces su respuesta era arquitecta o astronauta. Pero empezó a jugar al fútbol con su mejor amiga, Sara, y, como se viene repitiendo en todas las historias, tuvieron que luchar contra los clichés de las chicas y este deporte. Al principio sintieron un poco de rechazo entre sus compañeros, las llamaban Ronaldo y Anelka despectivamente, pero ellas hicieron oídos sordos, siguieron con lo suyo y demostraron su valía. «Oye, que son buenas», decían algunos de los niños. Como Claudia ha comentado algunas veces en las concentraciones, es un poco «picona» y lo ha sido toda su vida, así que ella no se achantaba ante los comentarios. Es más, cuando veraneaban en Bochones, formaban las porterías con piedras y ella era «un poco salvaje», así que jugaba sin miramientos, «a lo bestia y como una cabra loca», en sus propias palabras. Si se le escapaba alguna que otra patada cuando competía contra sus hermanos, César e Ismael, no se sentía culpable porque formaba parte de su «estilo de juego» particular. Ella era la menor de los tres, pero nadie lo hubiera dicho viendo su espíritu peleón.

Después de jugar en el colegio y en el instituto, dio el salto a un equipo femenino de fútbol sala y allí es donde se dio cuenta de que las chicas también tenían su lugar en este deporte. Del futsal pasó al fútbol 11 y con ello dio la bienvenida a los campos de tierra, las heridas que conllevaban y los viajes de 50 kilómetros para poder entrenar (ya fuera en el coche de sus padres o en el de otras familias). Con ese cambio llegó la llamada de la selección madrileña y Claudia descubrió que había equipos femeninos en primera división, algo que le abrió los ojos e hizo que decidiera seguir ese camino, aunque jamás pensó que podría dedicarse profesionalmente a ello. Era un *hobby* más, una pasión, que la ha llevado a ser una de las jugadoras con más bagaje de la Liga F. Ha jugado en el Pozuelo, el Rayo Vallecano, el Atlético de Madrid, el Valencia, la Real Sociedad y el Levante hasta llegar al Real Madrid. Una vuelta por España guiada por sus propias necesidades, porque, tal y como dice ella:

Cuando sientes que ya no disfrutas de la misma manera, lo que necesitas son cambios, nuevas ilusiones y una vida nueva.

Después de vivir en tantas ciudades también se ha dado cuenta de sus propias preferencias, porque recuerda la época en la que jugó en la Real Sociedad y cómo de tranquila vivía en un pueblo y lo poco que le gusta el alboroto de Madrid, aunque sea su ciudad natal. Ella quiere ver verde, estar rodeada de naturaleza y que su entorno sea acorde con su personalidad. Algunos pueden considerarla una jugadora atípica por sus características o por su manera de hacer (no es mi caso, la verdad, a mí también me encantaría vivir en un entorno lleno de flores, árboles y plantas), pero la diferencia que yo veo entre ella y muchas de sus compañeras es la poca experiencia que tenía con la selección española, teniendo en cuenta el largo recorrido que llevaba como profesional. Apenas participó en entrenamientos de las categorías inferiores y no debutó con la absoluta hasta 2016. Pero después de ese momento estuvo seis años sin volver a ser convocada y quedó fuera de la Eurocopa de Inglaterra 2022. Como puedes imaginar, ver su nombre en la lista de jugadoras que irían al Mundial fue un sueño que vino de golpe, casi sin esperarlo. No pudo vivir torneos en las categorías inferiores y se presentaba delante de ella la posibilidad de ser campeona del mundo. Eso es partir de cero y llegar a cien en cuestión de segundos, pero con la diferencia de que no era una cuestión de inercia, sino que llevaba muchos años de trabajo detrás, sin renunciar a la idea de que algún día podía llegar su oportunidad. Sucedió para el Mundial, le aportó oxígeno a la medular en los momentos en los que se necesitaba y, aunque pasada la fase de grupos no tuvo minutos, arropó al equipo como la que más. Precisamente sus compañeras fueron testigo de las horas que invirtió hincando los codos durante ese verano de 2023. Ella ha estudiado Magisterio, Quiromasaje, Fisioterapia y un máster en Gestión Deportiva, pero quiere más. Está preparando unas oposiciones para ser policía, así que no le quedaba mucho tiempo para hacer turismo o descansar una vez finalizados los entrenamientos. Intentaba pasar una o dos horas diarias estudiando para un día entrar al cuerpo en los servicios de montaña, cinológico (el canino, aquí, entre nosotros) o el de protección de la naturaleza. Está haciendo un trabajo de hormiguita porque el fútbol no le deja tiempo para más y, aunque todavía tiene que regalar mucha magia con sus botas, después de ganar el Mundial decidió retirarse de la selección. Claudia cree que no hay mejor forma de hacerlo que con un título en las manos y su intención es centrar esfuerzos en el Real Madrid y tener más tiempo para ella.

Y es que es inevitable que todas las jugadoras piensen en su futuro después del fútbol. Muchas quieren seguir vinculadas a este deporte, pero en su caso tiene claro que hará todo lo contrario. Sus compañeras ya lo dicen: «Si algo caracteriza a Clau, es que tiene las ideas muy claras y, si quiere hacer algo, lo hará». Cuando eso pase, la echarán de menos, porque, como destacan ellas, Zornoza es un pilar fundamental dentro del equipo. Es capaz de detectar cuándo una jugadora necesita su apoyo, darle una palmada en la espalda y decirle: «Vale, no pasa nada. Hoy te ha tocado a ti. Cuando acabe el entrenamiento hablamos, nos vamos al cuarto, te desahogas y volvemos a empezar»; y esto que acabo de contar está basado en hechos reales. Claudia es sinónimo de familia y, si no, que se lo digan a Oihane Hernández y Rocío Gálvez, porque tanto Clau como su familia de sangre acabaron convirtiéndose en las suyas cuando llegaron a Madrid. A día de hoy podríamos decir que, sobre el papel, son compañeras de equipo. En la práctica, son como hermanas. Es una persona generosa con el resto, que también sabe lo que es sufrir en cuanto a lesiones se refiere, porque, aunque no te las haya contado, también ha tenido que superar dos lesiones de cruzados y hasta una fractura limpia de peroné meses antes del Mundial. Con esta última, evitó la operación, aunque sufrió muchísimo dolor y tuvo que hacer sesiones de rehabilitación por la mañana y por la tarde, e incluso a veces una tercera para poder llegar a tiempo a la final de la Copa de la Reina de 2023 y a la gran cita mundialista. Aquellos que dicen que las lesiones no te cambian, han de saber que la segunda vez que Claudia se rompió el ligamento cruzado de la rodilla derecha en el Valencia (la primera fue con dieciocho años en el Rayo), dejó atrás todas sus manías y sus miedos. Ahora «solo» mantiene algún pequeño ritual, como saltar al campo con la pierna derecha, que justamente es la de la «rodilla mala», llevar la misma cinta, el mismo coletero y atarse siempre los cordones de la bota derecha antes que los de la izquierda. Estos pasos acompañan a la jugadora madura en la que se ha convertido, más segura de sí misma que años atrás, con un golpeo y una conducción de balón pegado al pie como buena zurda y que, pese a su largo recorrido en el fútbol, mantiene la humildad de seguir trabajando día a día para regalar a la afición su mejor versión.

Que cuando abandone el fútbol su futuro irá encaminado hacia la naturaleza y los animales quizás le quedó claro después de viajar a un país que la marcó para siempre: Tailandia. Allí pudo estar con elefantes en Chiang Mai, pero desde hace un tiempo nunca camina sola porque tiene un fiel compañero que le ha dejado una de las huellas más bonitas en su corazón: Boby. Adoptó a su perro en Burjassot (Valencia) y ella dice que es «como una vaquita», porque es de color blanco y negro. Aunque la acompaña a todas partes, no pudo ir al Mundial y Claudia lo echó de menos todos los que días que pasó en Nueva Zelanda y Australia. Boby estuvo con ella durante el confinamiento, cuando vivía en Valencia, y fue uno de sus mayores apoyos cuando más lo necesitó. Durante las restricciones de movimiento entre comunidades, ingresaron a la abuela de Claudia, y ella no podía hacer nada para desplazarse hasta Madrid. Días después llegaba la peor de las noticias: su abuela los había dejado. Decidió escribir una carta abierta en sus redes sociales para canalizar el dolor, y en ella mencionó a su fiel Boby y cómo estaba a su lado mientras pensaba en las palabras adecuadas para despedirse de ella. «Hoy, 8 de abril, descansas en paz después de tanta lucha continua estos últimos años, ahora te toca seguir cuidándonos desde ahí arriba.» Así empezaba el escrito, donde decidió compartir con el mundo tres lecciones que su abuela le había dejado en vida y que todos deberíamos aprender:

1. No te dejes pisar por nadie.
2. Cuida a la gente que quieres.
3. No dejes de luchar por lo que te apasiona y amas.

Claudia continuó la carta recordando cómo su abuela la apoyó desde el inicio en el fútbol, las llamadas después de cada partido para preguntarle cómo había ido y el orgullo que manifestaba por su nieta. Su abuela, esa que siempre le aconsejaba que no mandara el balón a los palos, sino que marcara gol, que gritaba a los cuatro vientos que su nieta era futbolista y que pudo llegar a verla jugar por la tele. Claudia hizo la promesa de que, cuando se pusiera fin a las restricciones, toda la familia iría junta al pueblo para poder despedirla como se merecía y le aseguraba que cuidarían «del yayo» desde aquí abajo. Lo que no imaginaba es que, pocos días después, su abuelo se marcharía con su abuela. «Cuando menos lo esperas, la vida te vuelve a sacudir. Lo único que me consuela, yayo, es que vas a estar con ella. Toda una vida juntos, pero ahora desde arriba», expresaba Claudia, al tiempo que aseguraba que nada volvería a ser lo mismo.

En gran parte, sus abuelos están representados en el tatuaje que su madre le dejó hacerse cuando cumplió los dieciocho años. Lo lleva en el brazo izquierdo y para ella es el más significativo de los que tiene, porque cuenta la historia de su infancia y representa a su familia. De hecho, más allá de simbolizar la época de la niñez que pasó en el pueblo y la educación que su familia le ha dado, tiene un dibujo que representa el castillo que está al lado del pueblo, otro que simboliza los ratos en los que iba a pasar las mañanas en el río con su padre y también un reloj que marca las cuatro y media. Es la hora a la que su tío José los dejó cuando ella tenía dieciséis años. Para ella era como un segundo padre. No se perdía ningún partido y en infinidad de ocasiones le ha dedicado goles señalando con el índice al cielo, aunque ahora ya no piensa en una persona, sino en tres. Su abuela le preguntaba a menudo: «¿Cuándo van a hacer un Real Madrid femenino para que puedas volver a vivir aquí?».

Quién le iba a decir que sería el 1 de julio de ese mismo año, 2020, y que Claudia volvería a casa un año después. Tampoco sabía, en ese momento, que tres años más tarde su nieta regresaría desde la otra punta del planeta con un Mundial entre las manos y las ganas de seguir adelante y luchar por un futuro brillante, ya sea fuera o dentro del campo. Aunque, a lo mejor, siendo su abuela, algo se podía llegar a imaginar.

22

ATHENEA DEL CASTILLO

La soberana del regate

Fecha y lugar de nacimiento	24 de octubre de 2000, Solares (Cantabria)
Posición	Delantera
Equipo actual	Real Madrid C. F.

Hay una expresión en catalán que creo que define casi casi a la perfección a Athenea del Castillo: *tal com raja*. Sin tapujos, sin miramientos, así es una jugadora que ha conquistado a muchos en el campo cuando se deja la vida corriendo por la banda, y a mí, en particular, gracias a su naturalidad. Tuve ocasión de entrevistarla tras uno de los partidos de la UEFA Nations League 2023. Ella ese día jugó encontrándose muy mal y me dijo:

Llevo desde el domingo con dolor de estómago y vómitos. Ha sido tomarme la cafeína para entrar al partido y se me ha revuelto todo, pero, oye, no pasa nada. Estoy muy contenta por la victoria.

A pesar de lo pálida que estaba, no perdió la sonrisa y la espontaneidad en ningún momento. Es más, después de hablar con ella hice lo mismo con Oihane Hernández y María Méndez, y Athenea, que se había quedado merodeando por allí, no dudó en volver a intervenir.

—Este momento me hace mucha ilusión, porque hace mucho que no hacía una entrevista doble —empecé diciendo—. Oihane, María, además en un día que para vosotras ha sido...

Y en ese instante vi el *sprint* de Athenea acercándose a sus compañeras con una sonrisa de oreja a oreja.

—Bueno, calla, lo convertimos en entrevista triple, porque Athenea no ha tenido suficiente y se atreve una vez más. Ya que estás aquí, cuéntame, ¿qué piensas de ellas?

—Pues, mira, las tengo que felicitar mucho, porque hemos crecido juntas y me alegro mucho por sus goles en la selección. Y desde aquí las felicito, claro que sí. ¡Muy bien, mis niñas, muy bien!

Y allí las dejó riendo por sus ocurrencias y ella se fue con la misma velocidad que había llegado, envuelta en una manta que la hacía parecer Superman, saludando a los niños que coreaban su nombre desde la grada. Ella seguía encontrándose mal, pero... esa es la esencia de Athenea. La misma que durante el Mundial nos contó que en su maleta había cuatro cosas que no podían faltar:

1. Cinta del pelo roja: la de los partidos, siempre juega con ella y, además, antes de los encuentros la coloca al lado de su camiseta. Tengo que añadir que los utilleros las ponen de tal modo que las jugadoras vean su nombre y dorsal, pero ella le da la vuelta a la suya para que se vea el escudo de la selección española.
2. Espinilleras: una donde aparece el número 22 junto a dos fotos suyas vistiendo la camiseta del Real Madrid y otra con una imagen suya junto a su pareja, Isra.
3. Almohada: la acompaña vaya a donde vaya.
4. Teddy: o, dicho de otro modo, un osito de peluche de color blanco con una cinta roja en el cuello que sujeta un corazón donde se puede leer la palabra *Love*. Y justo debajo del corazón se encuentra un regalo que le hizo su madre: la estampa bendecida de la Virgen del Carmen, que representa al Barrio Pesquero de Santander, de donde es Athenea.

Con esa inocencia y espontaneidad que la caracterizan nos contó que antes de cada partido, antes incluso de salir a calentar, toca la etiqueta de Teddy (al que de vez en cuando hay que lavar, porque con tanto viaje pasa del blanco al marrón enseguida), porque hasta ahora le ha traído suerte. Es una rutina que sigue desde hace tiempo, que la ayuda a evadirse y que la relaja. Pero de Athenea no solo llaman la atención los objetos que se lleva, sino también su rutina, que es muy «particular». Dobla las medias y las pone siempre en la misma posición, coloca las espinilleras encima, luego a Teddy, para coronar la torre, y lo deja allí hasta que salen a jugar. Una vez hecho esto, va a por el calzado. Tiene dos pares de botas de fútbol, por lo que dispone a la izquierda el par con el que va a jugar y las «descartadas» a la derecha. ¿Y cómo decide qué par utilizar? Fácil, con las que mejor haya entrenado durante la semana. No solo eso, también se pone primero la media de la izquierda, luego la de la derecha, después se venda las muñecas y salta la última al campo, siempre con el pie izquierdo. Además, come lo mismo el día de partido (el salmón y el arroz no pueden faltar) y bebe agua antes de salir del vestuario, aunque no tenga sed. «Tengo que quitarme estas manías, algún día lo haré», suele decir ella, pero, teniendo en cuenta que ha llegado a pintarse las uñas o cortarse el pelo pensando en la suerte, yo creo que ya lo lleva en la sangre. Afortunadamente, mostrar sus virtudes también forma parte de su ritual en el campo. Entre ellas podemos encontrar la verticalidad, los centros, los remates, el uno contra uno, el desequilibrio y la velocidad.

Todo esto en realidad forma parte de un trabajo mental que Athenea lleva años haciendo con la ayuda de una psicóloga. Ella es muy alegre y muy positiva, pero también es cierto que, si no está jugando, lo pasa mal, porque quiere aportar, pero no puede. El primer año que estuvo en el Dépor tuvo que recurrir a ella porque no metía goles. Athenea llevaba jugando desde los seis años y ya desde pequeña demostró la energía que llevaba dentro. Corría por la banda a la velocidad del rayo y marcaba muchos goles, de ahí su preocupación cuando las cosas cambiaron al llegar al Dépor. Dice que no es algo que la obsesionara, pero que «en segunda división venía de marcar veinte goles por temporada con el Racing». No entendía qué pasaba o qué la bloqueaba, porque en los entrenamientos sí que mostraba efectividad, así que pidió ayuda para descubrir por qué no se atrevía a tirar a puerta durante todo el partido. A lo largo de las temporadas ha aprendido técnicas y métodos para relajarse, para controlar la mente y para seguir aprendiendo. Recuerdo que, después del Mundial, estando en la Ciudad Deportiva del Betis pasando un calor terrible, pude charlar un rato con ella sobre fútbol y sobre la vida en general, y me contaba que le ayudaba mucho vaciar su cabeza de pensamientos y plasmarlos en libretas que acababan siendo una especie de diarios. Tiene algunos acumulados y no los tira, así que sería bastante interesante recuperarlos para leer qué es lo que pone en ellos e ir aprendiendo de emociones y pensamientos pasados. Del mismo modo que también es ella la que pide al cuerpo técnico de la selección vídeos de las rivales que quiere analizar o vídeos propios para poder aprender día a día, además de llevar a rajatabla la parte *práctica* de la preparación de un partido.

Tengo que decir que me cuesta imaginarme a Athenea, que está todo el día de un lado para otro, parada revisando vídeos o escribiendo tranquila en sus libretas. Como me dijo Pedro, su padre, durante el Mundial: «Esta niña es un culo inquieto». Hay compañeras de selección que dicen que Athenea se parece mucho a él, ambos tienen una personalidad extrovertida, inquieta y superalegre, no paran de tener ocurrencias que solo podrían salir de la familia del Castillo. Como buen padre, se preocupa por el bienestar de su hija, a la vez que saca a relucir el orgullo por la trayectoria que lleva a sus espaldas pese a su corta edad. Recuerdo que en Sídney me dio su móvil y me enseñó un gol que había marcado Athenea: «Es que no me digas. ¿Has visto eso? ¿Es un golazo o no es un golazo? Es que mira cómo corre por la banda». Tengo que decir que me fijé más en su cara de orgullo que en el gol, porque ese brillo en los ojos es el de alguien que ha seguido sus pasos desde pequeñita y que por suerte pudo vivir presencialmente cómo su hija se alzaba junto al resto de compañeras con el título de campeonas del mundo en su primer Mundial.

Un día, Athenea me comentó:

Digamos que mi madre es menos futbolera que mi padre, porque no le gusta tanto. Tampoco es muy objetiva que digamos, porque según ella soy la mejor y siempre juego bien. Mi padre, en cambio, sí que es un poco más exigente, porque sabe lo que puedo dar de mí misma y porque le gusta más este deporte.

Y eso es así porque en su casa siempre se ha respirado fútbol, especialmente por parte de su tío, que es un gran aficionado del Real Madrid, con quien miraba los partidos del que acabaría siendo su club. Lo de regatear le viene de entonces, cuando jugaba con su padre y sus amigos y colocaba conos para sortearlos. Ella ya tenía el instinto de recibir y seguir adelante con la jugada, aunque estuviera jugando en la pista del barrio. Pero, claro, siendo una chica, esas acciones a veces despertaban algún que otro comentario de otros padres, que les decían a sus hijos: «Pero ¿cómo puede regatearte una niña?». Pues sí, esa niña, que a veces tenía que esperar fuera del vestuario a que sus compañeros se duchasen para poder hacerlo ella, incluso en los días de lluvia y frío típicos de Cantabria, era capaz de regatear y de «guisársela», como le decían en el Dépor. Precisamente con este equipo debutó en primera división y estuvo jugando en sus filas hasta que descendió. Como dijo ella en su carta de despedida del club:

> Desde el primer día he vestido esta camiseta con orgullo, he intentado defenderla lo mejor que he podido, dejando todo en cada partido y cada entrenamiento. Durante estos dos años he vivido momentos que nunca olvidaré y que estarán dentro de mí para siempre: poder vestir la camiseta del Deportivo, haber tenido la oportunidad de jugar en Riazor, defender los colores blanquiazules por toda España y haber podido debutar con la selección absoluta.

Las lágrimas de Athenea el día que el Dépor descendió después de perder contra el Betis en junio de 2021 seguramente serían parecidas a las que rodaron por sus mejillas en el momento en el que tomó la decisión de abandonar el club para irse al Real Madrid, porque dejaba atrás un equipo con el que todas las jugadoras hacían piña y se querían como una familia. El club blanco se reforzó durante el verano de 2021 y lo hizo con el objetivo puesto en la Champions, por lo que necesitaban goles, entre otras muchas cosas. ¿Quién los podía aportar? Athenea. Le dolía dejar atrás al Dépor, y más teniendo en cuenta el reciente descenso, pero debía hacerlo. Ella, del Real Madrid desde pequeña, tenía que seguir avanzando y aprovechar la oferta que le llegó caída del cielo. De hecho, acabaría siendo la mejor decisión para su crecimiento futbolístico y personal.

Evidentemente, el primero que siguió sus pasos en su nuevo club fue su padre, su «fan número uno», como él mismo se define, y que no solo se ha desplazado hasta Madrid para seguir sus partidos, sino también por Europa. Él se pagaba de su bolsillo los billetes de avión, de tren, las habitaciones de hotel y lo que hiciera falta para seguir los pasos de su hija en las categorías inferiores de la selección española. Es más, tuvo que cambiar el turno de trabajo con un compañero para poder disfrutar de Athenea en el Mundial y se implicó como el que más. «¿Te gustan mis uñas?», me preguntó divertido delante de su hotel. Efectivamente, en la uña del dedo meñique llevaba pintada la bandera de España, porque «me he dejado liar por estos» (los familiares de las otras jugadoras). En el momento en el que me enseñó la manicura preparada para la ocasión, me fijé en el tatuaje de su brazo derecho, donde se puede ver la mitad del rostro de una leona y, al otro lado, la mitad del rostro de su hija.

No es de extrañar que Athenea sea la jugadora vivaz, enérgica y feliz que solemos ver, porque lo lleva en la sangre. Este terremoto en forma de delantera juega de la misma forma que es, y ella misma cree que «el día en el que pierda esto, será el día en el que cuelgue las botas, porque ya no seré yo». Quizás por eso vemos la verticalidad y desparpajo que la caracterizan sobre el terreno de juego, porque ese día todavía queda lejos. Es más, sus compañeras creen que esta temporada ha sido la del cambio, porque se ha quitado el letrero de *niña* o de *pequeña del equipo* (aunque no es la más joven de todas) y se ha puesto el de *Soy Athenea del Castillo y no solo tengo potencial, sino que te lo voy a demostrar.* Es una jugadora que en el uno contra uno sale por la derecha, por la izquierda... Una delantera con desborde que puede llegar a desequilibrar. Y, aunque las defensas le saquen una cabeza o la esperen con cara de ir a hacerle daño, no imaginan que debajo de este rostro angelical que derrocha simpatía se esconde una jugadora pequeñita pero habilidosa que lleva el regate en sus venas y puede dejarlas sentadas cuando menos se lo esperan.

23

CATA COLL

Humildad y buen humor

Fecha y lugar de nacimiento	23 de abril de 2001, Pòrtol (Palma de Mallorca)
Posición	Guardameta
Equipo actual	F. C. Barcelona

Durante el entrenamiento previo a los cuartos de final del Mundial, donde España jugó contra Países Bajos, los periodistas estábamos en el campo en los quince minutos abiertos a medios cuando un balón vino en dirección a mí. Es ese típico instante en el que piensas: «Es tu momento, Sara, lúcete y devuélvelo con clase». Sin esto último, pero con convicción, lo mandé a los pies de Cata Coll, que ya venía a por él. «¡Madre mía, vaya estilo! ¡Qué toque!», fue su respuesta cuando lo recibió, y se volvió con una media sonrisa guasona para poder seguir con su entrenamiento junto a Misa Rodríguez y Enith Salón. Yo entorné los ojos riendo y diciendo para mis adentros: «Ay, esta Cata...». Y pensar que ella esperaba tan poco estar en ese Mundial que, antes de anunciarse la prelista de la selección española para la competición, no tenía ni los guantes reglamentarios con las nuevas especificaciones de la FIFA. Evidentemente, luego tuvo que movilizarse contra reloj.

Ella estaba de vacaciones y recibió una llamada del seleccionador. «Me dijo que estaba en la preselección y que entrenara duro para intentar entrar en la lista definitiva», me explicó Cata una vez que llegamos a Barcelona después del Mundial. En ese momento se puso manos a la obra para pedir los guantes que necesitaba, pero le dieron los justos y necesarios para cubrir esas dos semanas de concentración y luego ya se vería qué pasaba. Y lo que acabó sucediendo fue que la Federación Española de Fútbol publicó un vídeo emotivo donde se hicieron oficiales los nombres de las veintitrés jugadoras que viajarían a Nueva Zelanda y el de Cata Coll figuraba en él. Por lo tanto, tuvo que pedir otros guantes para poder estar en un Mundial y, de hecho, viajó sin ellos y se los mandaron por correo a la otra punta del mundo. «Me han dado suerte, siempre serán especiales», decía. Especiales y bonitos, porque vale la pena recuperar imágenes del Mundial o alguna foto en las redes sociales de Cata para poder apreciar el diseño inspirado en el arte aborigen australiano que llevaba en la parte de los dedos y algunos símbolos de la cultura maorí en la zona inferior del guante. Aquellos diseños plasmaban la historia y la vida de las personas a través de elementos como la flor (que representa a la mujer) y la tortuga (la constancia, la perseverancia y la fuerza). El último día de concentración en Palmerston North (Nueva Zelanda), Cata me contó:

Entrené al máximo para llegar hasta ese momento, pero es verdad que estaba muy nerviosa. Recuerdo que mi madre se puso a llorar de alegría porque he pasado un año muy duro con la lesión y no nos lo esperábamos. Yo ya pensaba en mis vacaciones y en desconectar, pero fue una alegría inmensa.

Y es que quién le iba a decir que, después de sufrir una rotura del ligamento cruzado de la rodilla izquierda en un entrenamiento, no solo iba a competir en un Mundial, sino que además acabaría siendo tan determinante. Pero... empecemos por el inicio.

Como muchas de sus compañeras, Cata empezó a jugar al fútbol gracias a alguien conocido, y en su caso fue su amigo Sebas. Ella le veía con el balón en los pies y un día le dijo: «Yo también quiero jugar». Algunos niños no se lo ponían fácil para que lo hiciera, diciéndole palabras que sabían que podían herirla, como *marimacho*. Lo bueno de tener amigos de verdad es que Sebas no solo la defendía, sino que siempre la elegía para que formara parte de su equipo. El Sporting Sant Marçal fue el club que la vio crecer y, aunque empezó jugando de central, un día «se le cruzaron los cables», como dice ella, y eligió la portería. Pasó por el CIDE, el Athletic Marratxí y con quince años debutó con el primer equipo de la U. D. Collerense, que fue su gran trampolín hacia la élite. Allí jugó con sus amigas, pero también sabía que no estaba en un equipo cualquiera y que podía ser que las cosas «se pusieran serias». Y vaya si pasó. En julio de 2019 el F. C. Barcelona anunció su fichaje hasta 2023, aunque la idea del club era encontrar un equipo de primera división donde Cata pudiera jugar cedida una temporada. El elegido fue el Sevilla, para después de un año poder establecerse de forma definitiva en Barcelona y empezar, ahora sí, su andadura con el club azulgrana. Durante estos años cada día ha sido un aprendizaje para ella y poco a poco se ha hecho un lugar dentro del equipo, aunque, como te he comentado antes, la lesión de cruzados hizo que frenara en seco.

La recuperación físicamente no es tan dura, el problema es que es muy mental. Haces bajadas de tristeza y subidas de alegría constantemente y tienes que ser muy fuerte en todos los sentidos, y también muy constante.

Durante la dura temporada antes de saber si iría al Mundial o no, tuvo la suerte de poder apoyarse mucho en Jana Fernández y Alexia Putellas, que también estaban atravesando sus propios calvarios. Según me contó cuando estábamos en las antípodas:

En el caso de Jana, ella se rompió y yo lo hice a la semana. Hemos ido de la mano, ha sido un apoyo incondicional para mí y la verdad es que la echo de menos aquí en Nueva Zelanda.

Jana había entrado en la prelista del Mundial, pero cayó de la definitiva.

Después de todo lo vivido, ella y yo nos tenemos un amor incondicional. Es verdad que hemos compartido momentos muy malos, pero también algunos buenos. De hecho, las tres nos hemos apoyado mucho.

Los días y las semanas se hicieron larguísimos antes de volver a jugar, y su superstición, que ya convivía con ella de base, se arraigó todavía más después de la lesión. Voy a enumerar algunas de sus rutinas/manías/tradiciones, o como quieras llamarlas, antes de los partidos:

1. Lavarse los dientes con el mismo dentífrico.
2. Llevar la misma ropa interior en cada partido.
3. Vestirse empezando por la parte izquierda, ya sea la pierna en el caso de los pantalones, el brazo en el de la camiseta y el pie en el de las medias y las botas.
4. Saltar al campo con el pie derecho.
5. No pisar las líneas del terreno de juego.
6. Tocar los tres palos de la portería.
7. Santiguarse.
8. Pedirles a sus abuelos que le den suerte.

Y lo dicho, estas son solo algunas. Pero para ella es una rutina de concentración que hace que se meta en el partido poco a poco. Y ahora te voy a contar un secreto, porque gracias a Maria Pérez pude descubrir algo que no imaginaba: Cata es un poco *brujilla*. Es más, yo recuerdo que en el Mundial le pregunté, como a tantas otras jugadoras, cuáles eran las aspiraciones de la selección en la competición. Algunas me dijeron que querían ir partido a partido, otras que estaban confiadas, pero que las rivales serían durísimas y, en el caso de Cata, afirmó: «Me veo levantando la Copa. Es más, no hay otra cosa que me venga a la mente que no sea levantarla». Podría haber sido una declaración de intenciones sin más, pero no. Cuando Cata dice las cosas, es mejor escuchar. Eso lo aprendí después, porque descubrí que con ella puedes llevarte más de una sorpresa. Cuando hablé con Maria después del Mundial, me contó:

Mira, Cata y yo teníamos una coña y, de hecho, ha llegado a un punto en el que pienso que es bruja. Te prometo que los días en los que teníamos partido se levantaba, nos veíamos en el desayuno y me decía lo que pasaría. Si Cata había dormido bien, el partido iría bien. Si Cata dormía mal..., pues eso, mal, fatal. Eso pasó antes del partido contra Japón y perdimos.

Y su sexto sentido se reafirmó antes del encuentro ante Suiza, porque ese día Cata había dormido bien (por lo tanto, se aseguraban la victoria), pero estaba muy nerviosa. Sigue Maria:

Ella nunca se pone así, nunca, es una persona que tiene una pasividad espectacular. Antes de la charla del partido contra las suizas me dijo:

—Maria, no sé qué me pasa. Hoy estoy…, no sé, rara.

—¿Por qué, tía?

—Es que no lo sé, tengo una cosa rara.

Al cabo de poco les dijeron cuál iba a ser el once titular y descubrieron que Misa Rodríguez, que había jugado los encuentros anteriores, no sería la portera desde el inicio. Ese lugar le correspondía a Cata.

Recuerdo que la miré alucinada, me miró, subimos al autobús donde yo me sentaba con ella y le solté: «Tía…, me das miedo. Cállate y no digas nada, porque me das miedo». Pero es que, después de eso, antes del partido de cuartos de final contra Países Bajos, me dijo: «Hoy vamos a ganar, pero justas y en la prórroga».

Yo estaba boquiabierta mientras Maria me lo contaba y recuerdo que le dije:

—Maria, no puede ser.

—Que te lo juro por mi vida, vamos.

CATA COL

—Es que me parece muy fuerte.

—Pues te lo prometo. Yo le dije que mientras ganáramos a mí me daba igual cómo, y ella no paraba de decir: «Que sí, que sí, que hoy ganamos seguro, pero nos vamos a la prórroga y sufriendo».

En ese partido, Mariona Caldentey marcó el 1-0 de penalti en el minuto 81. Yo recuerdo estar emocionada recogiendo la libreta, el ordenador y el material de trabajo para bajar desde mi posición hasta la zona mixta cuando en el tiempo añadido, en el minuto 91, Stefanie van der Gragt marcó el tanto del empate. Volví a dejarlo todo como estaba, nos miramos entre los periodistas españoles con cara de «lo teníamos hecho, quiero llorar» y, efectivamente, llegamos hasta la prórroga. Por suerte, Salma Paralluelo marcó un golazo en el 111 que le dio a España el pase a semifinales y que desató la locura entre los compañeros. Antes de la semifinal ante Suecia a Cata le pasó algo parecido, porque dijo que ganarían, pero justas. En ese también sufrimos desde allí (y los de casa seguro que estaban igual), porque se repitió la misma situación que ante Países Bajos, pero sin tener que llegar a la prórroga. Saber el pronóstico de Cata me hubiera ahorrado algún que otro «miniinfartito». Pero, claro..., ¿cómo durmió antes de la final?

—Aquí sí que tengo que decir que había dormido regular, y yo le dije: «Cata, no me fastidies». Pero ella, con mucha calma, me respondió: «Tranquila, que todavía queda la siesta».

—Visto lo visto, supongo que durmió bien —le comenté.

—Me dijo: «Siesta perfecta, así que *palante*».

Y, efectivamente, Cata pudo cerrar el Mundial con un cien por cien de efectividad en sus predicciones. Pero, para llegar a alzarse con el trofeo de campeona del mundo y ser la portera titular de la selección ganadora durante la fase final, también ha tenido que renunciar a muchas cosas.

Casi que te diría que me he perdido muchas cosas, porque soy una chica muy de mi tierra. Estoy metida en grupos de WhatsApp de mis amigos y veo lo que hacen y yo no puedo estar allí, me pierdo cumpleaños... Me pone triste, porque me encantaría estar con ellos, y me duele. Pero también es verdad que yo he hecho locuras, en plan, estar en Barcelona, irme al mediodía para poder estar con mi familia y volver esa misma noche. Ellos lo han dado todo por mí, cómo no voy a hacer lo mismo por ellos si me lo puedo permitir un día concreto.

Y una de las celebraciones que más le duele perderse es la del día de Reyes, porque, más allá de tener el recuerdo de escribir la carta y poner sus dos regalos favoritos (un balón de fútbol y una camiseta del Mallorca), es cuando se junta toda su familia. Su padre tiene cinco hermanos, y su madre, tres, y solo por parte de padre ya tiene catorce primos. Ese día empiezan comiendo con la familia materna. Luego por la tarde se van a casa de su abuelo paterno para tomar chocolate a la taza.

Es el día en el que podemos reunirnos todos, la celebración en la que nunca falla nadie. Claro, cuando yo empecé a jugar..., siempre faltaba yo. La verdad, da pena. Intento hacer lo que sea para verlos. Por ejemplo, pude ir al ochenta cumpleaños de mi abuelo porque mi familia lo organizó todo para que yo lograra estar ese fin de semana.

Para ella era importante formar parte de esa celebración, porque su abuelo Jaume la ha marcado en muchos sentidos.

Yo siempre jugaba con la pelota, hacía toques y el balón se me iba. Mi abuelo siempre me ponía en un cuadrado y me decía: «De aquí no puedes salir. No es la pelota la que te domina a ti, tú dominas la pelota». Me lo dijo siempre, desde muy pequeña, y jugaba mucho al fútbol con él.

Esta frase se suma a otra de su madre que también la acompaña desde hace años: *Poc a poc i bona lletra* ('Despacito y buena letra'). Esta la lleva siempre en sus guantes, porque su madre la ha repetido tanto para aspectos relacionados con el fútbol como en la vida.

Nunca tengo que adelantarme a cosas que no sé si van a pasar, tengo que tomármelo con calma, trabajar en el día a día y luego ya se verá lo que acaba sucediendo.

Como puedes deducir, esta frase no estaba en los guantes de su Mundial porque la logística no lo permitió, pero tanto esta como la de su abuelo las llevó en la cabeza y en el corazón.

Y más allá de querer seguir sus pasos, si empiezo a hablar de ídolos de infancia de Cata, tengo que mencionar un nombre propio: el del por aquel entonces portero del Mallorca, Dudu Aouate. «Siempre pedía lo mismo el día de Reyes, su camiseta, es que me encantaba. Piensa que yo dormía hasta con ella puesta» me contó un día en la Ciudad Deportiva del Barça. Mi cabeza pensó en una habitación llena de fotos de Aouate, pero, para mi sorpresa, ese no era el caso.

Mira que todavía conservo la habitación de preadolescente. Es más, mi madre tenía hasta el «museo de Cata». Tenía de todo, hasta cosas de competiciones de cuando jugaba en mi pueblo, pero mi cuarto era para dormir. Nunca estaba en mi casa. Nunca, nunca. No tengo el recuerdo de quedarme una tarde en casa. No podía estar allí parada viendo la tele o jugando a la Nintendo, no me gustaba. Además, las tardes después del colegio siempre eran en casa de mis amigos Xesc i Tòfol [el trío Calavera, como lo llama ella]. O quizás incluso comía en mi casa, me picaban ['llamaban al timbre'] y salíamos con las bicis. Tooodo era con las bicis. Me costaba mucho estudiar porque era una niña hiperactiva. Cuando empecé a practicar deporte fue por eso, mis padres me apuntaron porque querían cansarme y que pudiera dormir por las noches.

De hecho, más allá del fútbol, el baloncesto y el tenis también formaron parte de la vida de Cata, y este último no se le daba nada mal.

He jugado campeonatos de Baleares, campeonatos de España..., hasta los quince, que tuve que decidir hacia dónde tirar. Pero a día de hoy lo sigo practicando y me encanta. Cuando voy a Mallorca muchas veces me voy a jugar al tenis porque me gusta y, si pudiera combinarlo todo, lo seguiría haciendo. Además, hacía movimientos muy cortos, como en la portería, y me iba muy bien, pero al final destaqué más en fútbol y estaba claro que iba a decantarme por ahí.

Lo que era evidente es que costaba mucho verla en casa. Si su madre no la dejaba salir, prefería irse al negocio familiar antes que quedarse quieta en su habitación.

Yo me iba y me ponía en el almacén a hacer cosas. Allí trabajan mis abuelos, mi tía, mi madre, mi hermana, y tengo mi casa encima del negocio, literalmente. Montan hoteles, restaurantes..., de todo. Si quedaba con amigos y tenían que entregar un encargo, me decían que me lo llevara para aprovechar el viaje y también hacía rutas en furgoneta con mi abuelo para acompañarle a repartir y luego me invitaba a comer como agradecimiento.

Dado el negocio de su familia, siempre pasaban los veranos en Mallorca, porque es cuando más se trabaja en el sector de la hostelería.

Mi padre es policía y quizás teníamos cinco días de vacaciones, y aprovechábamos para irnos a un hotel con mi mejor amigo Sebas, con el que empecé a jugar al fútbol, sus padres, mis padres y yo. Mi mejor recuerdo de verano es ese y a día de hoy intentamos organizarlo para repetirlo.

Y es que las palabras *amigos*, *Mallorca* y *Cata* son una sola.

Cuando tengo tiempo libre, sé al cien por cien que me voy a ir a Mallorca. Es mi casa, me da paz y es donde voy por la calle o me siento en la terraza del bar de mi pueblo y soy una más. Es el sitio donde siento que puedo hacerlo todo y que nadie me va a juzgar. Es mi zona de confort. Vas por la calle y, seas quien seas y aunque no te conozcan de nada, te dicen: «¿Qué tal? ¿Cómo estás?», y a mí me llena. En verano, por ejemplo, todo el pueblo se junta y celebra las verbenas. Yo muchas veces me he puesto detrás de la barra a repartir bebida, porque lo montan amigos míos y estoy como una organizadora más, porque me hace sentir que soy una persona normal y allí es donde estoy a gusto.

Por eso, la primera vez que salió de casa con dieciocho años para dedicarse al fútbol fue un *shock* para ella, porque cambió un pueblo de 3.000 habitantes por una ciudad de casi 700.000 como es Sevilla.

Al principio fue duro, pero también es verdad que venían muchos amigos y familia a verme. Lo bueno es que la ciudad me gustó muchísimo y que coincidí con Olga Carmona. Recuerdo que terminaba los entrenamientos y estábamos juntas todos los días. Para mí ella fue importantísima durante esa etapa y lo sigue siendo a día de hoy en la selección. Teníamos dieciocho o diecinueve años, así que ya puedes imaginar. No te contaré las locuras que hicimos porque..., porque no puedo.

Y reía. Pero en esa época Cata sintió que le faltaba algo y empezó a pensar en la idea de tener un perro.

No sé por qué, pero me dio por ahí. Fuimos a buscarlo y cuando vi a Terry pensé: «Es este». Me acompañó durante toda mi trayectoria en el Sevilla. Es más, yo me fui a Mallorca, vino el covid y tuve que llamar a Rosa Otermín, que ese año jugaba en el Betis, para que se quedara con él. Ahora está en Mallorca con mis padres, pero es un perro que me ha dado la vida.

Y es que Cata Coll no deja de ser una chica del pueblo de Pòrtol a la que toda la vida le ha gustado jugar al fútbol y que ha tenido que renunciar a muchas cosas para cumplir su sueño. Ese que la ha llevado de idolatrar a Dudu Aouate a que sea él quien la felicite por haber ganado el Mundial. Ese sueño que no impide que mantenga su carácter sociable, su humor y su humildad y que hace que, a día de hoy, si estás en Mallorca, veas pasar a Cata con un encargo del negocio familiar en una mano y la medalla de campeona del mundo en la otra.

Epílogo

Vuelvo a ese día mágico que nos cambió la vida a todos: el 20 de agosto de 2023. Ese día me levanté alterada, con la respiración agitada, sabedora de que aquella era la jornada en la que todo podía cambiar. Bajé a desayunar y saludé a algunos de los familiares de las jugadoras que estaban alojados en el mismo hotel que yo. Charlé con mis compañeros y recuerdo que Rafa, el hermano de Jenni Hermoso, me dio un abrazo porque yo era incapaz de disimular los nervios. «Va a salir bien, ya lo verás. Van a ganar y nosotros lo vamos a celebrar, Sara.» Intenté convencerme las horas siguientes. Subí a la habitación, preparé el partido, me duché y puse en bucle la canción *Está x venir* de Farga, la que la cantante creó para la ocasión, y sentí esa luz y ese sudor en la frente, y el grito en la piel. No sé si el suelo era diferente o no, pero me propuse pisarlo con más fuerza que ayer, como dice la canción.

No exagero si te digo que la escuché treinta veces seguidas mientras poco a poco me mentalizaba para el reto personal y profesional que tenía que afrontar. España-Inglaterra, otra vez. En la Euro 2022 viví cómo las inglesas eliminaban a las nuestras, en el que para mí fue el mejor partido de la selección española de toda la competición, para acabar proclamándose campeonas de Europa. No podía volver a repetirse.

Habíamos sufrido mucho durante la fase final de la competición, habíamos superado todas las barreras y... teníamos que ganar. Esta historia lo merecía. Pasaron las horas, llegamos al estadio, nos instalamos y empezó el partido que cambiaría la historia del fútbol español. Con el gol de Olga Carmona gritamos, nos emocionamos y confiamos en que España podía lograr algo muy grande. Cuando faltaban pocos minutos para el 90 del partido, recogí todo el material de trabajo y me fui hasta la zona de pie de campo, lista para entrevistar a las jugadoras. Estaba al lado del túnel que quedaba cerquita del córner de la zona defendida por Mary Earps, la portera de Inglaterra. Cada vez teníamos más cerca la gloria, pero... añadieron trece minutos al encuentro. ¡¿Trece minutos?! Yo pensaba que me daba algo. Había mucha, muchísima gente allí abajo, pero encontré a una persona que estaba igual de nerviosa que yo: Carlota, periodista a la que conocí durante este Mundial y que para siempre será protagonista de uno de los momentos más especiales de mi vida. Parecía que el tiempo no pasaba, yo tenía una mezcla de ganas de llorar, miedo, contención, pero a la vez alegría al comprobar que nos acercábamos al final y que España seguía manteniendo ese 1-0 en el marcador. Pero el tiempo avanzaba muuuy lento. Miraba el marcador: había transcurrido un minuto. Volvía a mirar: minuto y diez segundos. ¡¿Por qué los segundos parecían horas?! Carlos, compañero de Carlota y mexicano (aunque durante el campeonato parecía un español más), empezó a grabarnos porque la histeria podía palparse en el ambiente. Y, mientras tanto, yo seguía trabajando, porque la retransmisión de RNE seguía y nosotros lo estábamos contando.

Llegó el minuto 13 de añadido, pero la colegiada no pitaba el fin del partido, y, de pronto..., córner en contra. No me lo podía creer, mis lágrimas querían asomar y no sabía ni qué hacer. Desde mi posición, tenía la portería de Cata lejísimos y todo se veía difuminado. En nuestra zona no había ni una jugadora de Inglaterra, subieron todas las rivales a rematar, incluida Earps. Lanzamiento de córner, Carlota y yo estábamos cogidas de la mano y de golpe vi emerger a Cata Coll de entre la multitud, cazando ese balón en el aire y cayendo al suelo. Yo pensaba: «Cata, por favor, aguanta ese balón. Agárralo bien, no lo sueltes, y que pite ya, que estamos fuera de tiempo». Y después de tanto sufrimiento..., final. Final. Carlota y yo nos abrazamos, yo empecé a llorar mientras escuchaba por el pinganillo que mi compañero Fernando decía alto y claro que España era campeona del mundo. Las lágrimas resbalaban por mis mejillas mientras avanzaba hasta la posición que nos indicaba el personal de la FIFA. Me dieron paso en directo mientras veía a todas las jugadoras en el suelo abrazándose, al cuerpo técnico haciendo lo propio en otro corrillo y yo... pues intentando controlar la emoción del momento y el llanto sin éxito.

—Sara Gutiérrez, a ver si nos aguanta la cobertura. Estás allí, a dos metros de las jugadoras.

—Lo que no sé es si voy a aguantar yo —dije llorando—. Ha sido un mes donde ellas han luchado cada día acordándose de sus inicios. No solo de los suyos, también de aquellas que abrieron camino, de Victoria [Hernández], **de todas esas pioneras que empezaron jugando con una selección que ni tan solo era**

legal a ojos de la Federación. Hemos llegado a día de hoy, a este estadio de Australia, a esta victoria. Han luchado, han ganado, han hecho historia. Queríamos contar el mejor de los finales para este cuento y este es el final soñado para cualquiera.

Teníamos delante a veintitrés campeonas del mundo que, a su vez, representaban a todas las mujeres que antes habían pasado por la selección y que habían hecho posible que nosotros estuviéramos viviendo ese momento. Ese día hablé de Victoria Hernández, la primera futbolista española con un contrato en España y, unas horas después de ese instante de euforia y celebración, logramos vivir un momento mágico. Mientras yo estaba entrevistando a Cata Coll en la zona mixta, pudimos establecer conexión entre ellas. Una pionera con una recientemente proclamada campeona del mundo. Lo recuerdo y se me eriza la piel. Victoria le dio la enhorabuena y se mostró orgullosa ante el hito, a lo que Cata respondió:

Creo que esto que estamos viviendo es gracias a vosotras, a las que empezasteis. Gracias por abrirme camino a mí y a todas las jóvenes. Creo que lo he dicho muchas veces, yo he tenido un recorrido recto, no he tenido muchas curvas, y es gracias a todo lo que habéis vivido y sufrido antes. Vosotras también tenéis que poneros la estrella de campeonas, porque también sois protagonistas de esto.

Desde aquí todo el mundo os da las gracias por todo lo que habéis hecho por este país.

Antes de irme de Nueva Zelanda compré un elemento decorativo de madera con un símbolo maorí que se llama *koru,* que significa 'nueva vida'. Precisamente eso era lo que empezó para todos ese 20 de agosto de 2023. Se cerró una etapa, pero se abrieron nuevos horizontes gracias a las veintitrés protagonistas de este libro. Como has podido comprobar a lo largo de estas páginas llenas de alegría, sufrimiento, paciencia, disciplina y sueños cumplidos, a ninguna de ellas le han regalado nada, sus éxitos no han venido caídos del cielo y han logrado ser las jugadoras que nosotros conocemos a día de hoy con empeño y determinación. Lucharon durante el Mundial, pero también lo hicieron después. Lo que tienes entre las manos es una parte de la esencia de veintitrés personas en las que poder reflejarse, ya no solo por su talento, sino sobre todo por sus valores. Sus historias a veces parecen repetirse, otras veces son totalmente distintas, y desde luego cada una de ellas tiene su esencia y su marca personal. Pero detrás de todas ellas hay unos elementos en común que hacen que tengas este libro en tus manos y que las niñas de hoy, que lloraron de emoción ese 20 de agosto, quizás lo tengan un pelín más fácil para convertirse en futbolistas profesionales. Valentía, esfuerzo, sacrificio, constancia y pasión. Todo eso y más es lo que nos han enseñado ellas, las CAMPEONAS.

Agradecimientos

Gracias a ti, por haber leído estas páginas escritas desde el cariño y la admiración. Para mí es un regalo que este libro haya llegado a tus manos.

A **las jugadoras,** por vuestra generosidad y por haber tenido la confianza para abriros y permitirme conocer vuestra historia y quiénes sois más allá del terreno de juego. Lo vivido con vosotras me lo llevo para siempre.

Gracias a Planeta y a **Thinking Heads,** por haber pensado en mí para hacer esto, en especial a **Bea, Ángeles** y **Amanda,** por vuestra implicación y pasión en este proyecto, y a **Ed Carosia** por las ilustraciones.

A **mis padres,** gracias por todos los valores que me habéis transmitido y por haber creído en mí cuando de pequeña os decía aquello de «Quiero ser periodista deportiva». A **mis abuelos:** sois lo mejor de mi vida. A **Enric,** por ser el hermano que nunca he tenido. A **mis tíos,** por apoyarme siempre. A **toda mi familia,** *us estimo moltíssim.*

David, Rubí, Manu, Gonzalo. Gracias por confiar en mí y permitirme vivir una de las experiencias más intensas, espectaculares e históricas de mi carrera. Gracias por cuidarme siempre, os estaré eternamente agradecida.

A **Fernando,** la voz de mi Mundial y uno de mis grandes apoyos. A **Capel, Jorge, Jose, Joan** y **Sonia,** por mantenerme siempre a flote y hacerme reír como nadie. Con todos vosotros al fin del mundo, ya lo sabéis.

A **RTVE,** por ser *casa,* a todos mis compañeros de RNE, TVE y a mi *Juventud RTVE,* por el cariño y los múltiples mensajes que me mandaron estando en las antípodas. No sabéis cuantísimo significaron para mí.

A **Patri Campos** y **Vero Boquete,** por las conversaciones sobre fútbol y vida. Sois inspiración.

A **mi familia en Nueva Zelanda: Pedro, Silvia, Pablo** y **Roberto.** No hubiera podido imaginar un equipo de trabajo mejor. Rober, contigo gané mucho más que un Mundial. Qué suerte que alguien como tú forme parte de mi vida.

A **Darío, Juanjo, Diego, María, Isa, Gabriela, Miguel** y **Gonzalo.** No sé hacia dónde nos llevará la vida, pero, sea donde sea..., que tengamos un karaoke a mano.

A los familiares de las jugadoras y a todos los compañeros con los que conviví en las antípodas. Lo mejor del Mundial fue compartirlo con vosotros.

A **Irene**, creciendo juntas desde la guardería y hasta donde lleguemos. A **Martí,** por creer en mí y por seguir celebrando la vida. A **Carla, Armand, Cullu, Marga, Laia** y a toda la familia dakariana. El Dakar me ha regalado tesoros como vosotros.

Y, por último, pero no menos importante, a **Dolors Zamora.** Nunca sabes cuánto puede llegar a marcarte una profesora hasta que te cruzas con alguien como ella en tu vida. *Gràcies, de tot cor.*

Sara Gutiérrez Alcaraz es periodista deportiva en RTVE. Vive entre dos mundos: el fútbol y el motor. Cuando era adolescente, le encantaba el fútbol, pero, conforme fue creciendo, ese interés disminuyó. Hace dos años el deporte rey se volvió a cruzar en su vida cuando empezó a cubrir la actualidad del Barça femenino. Se ilusionó viendo y contando *in situ* partidos de la Champions League y de la Liga F (títulos incluidos). La Eurocopa de Inglaterra de 2022 fue su primer contacto con la selección española femenina. La culminación de todo ha sido el Mundial de Fútbol de Australia-Nueva Zelanda, una de las experiencias personales y profesionales que guardará para siempre en el corazón y que ha tenido el final soñado: ver desde las antípodas cómo España se alzaba con el título de campeona del mundo.

Claudia Zornoza

Ivana Andrés

Enith Salón

Cata Coll

Aitana Bonmatí

Irene Paredes